F. Bause
W. Tölle

Einführung in die
Programmiersprache C++

Falko Bause
Wolfgang Tölle

Einführung in die Programmiersprache C++

Springer Fachmedien Wiesbaden GmbH

CIP-Titelaufnahme der Deutschen Bibliothek

Bause, Falko:
Einführung in die Programmiersprache C++/
Falko Bause; Wolfgang Tölle.

ISBN 978-3-528-04689-7   ISBN 978-3-663-14160-0 (eBook)
DOI 10.1007/978-3-663-14160-0

NE: Tölle. Wolfgang:

^{TM}Unix ist ein eingetragenes Warenzeichen der AT & Bell Laboratories.

Das in diesem Buch enthaltene Programm-Material ist mit keiner Verpflichtung oder Garantie irgendeiner Art verbunden. Die Autoren und der Verlag übernehmen infolgedessen keine Verantwortung und werden keine daraus folgende oder sonstige Haftung übernehmen, die auf irgendeine Art aus der Benutzung dieses Programm-Materials oder Teilen davon entsteht.

Umschlaggestaltung: Peter Lenz, Wiesbaden

ISBN 978-3-528-04689-7

Inhaltsverzeichnis

VORWORT

Dieses Buch wendet sich an alle, die den Einstieg in eine sehr zukunftsträchtige Programmiersprache im **Selbstudium** betreiben wollen, ein eher didaktisch ausgerichtetes **Lehrbuch** über C++ suchen oder ganz einfach ein schnelles **Nachschlagewerk** für praktische Probleme wollen. Der Inhalt und die Idee entstammen einer selbstgehaltenen Vorlesung über C++ an der Universität Dortmund im Sommersemester 1988. Der Inhalt samt der übersichtlichen Darstellung und der Vielzahl von Beispielen ist dabei so ausgelegt, daß ein Selbstudium möglichst effektiv unterstützt wird. Es werden keine Kenntnisse der Programmiersprache C vorausgesetzt, Kenntnisse einer anderen Hochsprache sind jedoch von Vorteil. Angefangen bei den für ein praktisches Erproben von Beispielen wichtigen Ein-/Ausgabeanweisungen wird das Wissen des Lesers schrittweise erweitert, ohne ihn gleich mit komplizierten Anweisungen zu überfordern.

Ein einführendes Beispiel in Kapitel 2, anschließend Grundlagen über Definitionen und Deklarationen in Kapitel 3, gefolgt von Grundlagen über Typen, Konstanten, Operatoren und Ausdrücke in Kapitel 4 bilden die Basis für das schnelle Erproben kleinerer praktischer Probleme und für spätere Probleme komplexerer Natur. Anweisungen in Kapitel 5, Funktionen in Kapitel 6 und Structures in Kapitel 7 beenden den C-spezifischen Teil von C++, der im wesentlichen identisch zu C ist, trotzdem aber einige wichtige syntaktische Unterschiede beinhaltet. Kapitel 8 leitet über zu den wichtigen Neuerungen von C++. Hier werden die Grundlagen des Konzepts der Klassen aufgezeigt und anschließend in Kapitel 9 in Form von abgeleiteten Klassen erweitert. Kapitel 10 beschäftigt sich sodann mit dem ebenfalls neuen Konzept des Operator Overloading, und Bemerkungen zur Ein-/Ausgabe in Kapitel 11 bilden den Abschluß des Hauptteils.

Auf dem Stoff des Buches basierende und sukzessiv immer anspruchsvoller werdende **Übungsaufgaben**, die sich an der Reihenfolge im Hauptteil orientieren, samt **ausführlichen Musterlösungen** unterstützen den Leser bei seinen ersten praktischen Schritten. Nach Bearbeiten des Hauptteils und der Aufgaben hat der Leser ein Wissen, auf deren Grundlage er auch größere praktische Probleme lösen kann. Gleichzeitig stellen die ausführlichen Musterlösungen ein wichtiges und schnelles Nachschlagewerk nicht nur für spezielle Probleme dar.

1 EINLEITUNG

Die Programmiersprache C++ ist eine Erweiterung der Programmiersprache C. C bietet die Möglichkeit, fundamentale Objekte der Hardware (Bits, Words, Adressen) mittels einfacher Befehle effizient zu manipulieren, wobei die Sprachkonstrukte mit denen anderer Programmiersprachen, wie z.B. Pascal, durchaus vergleichbar sind. Die Intention bei der Entwicklung der Programmiersprache C war, Assemblersprachen, welche zur Programmierung von Betriebssystemroutinen benötigt wurden, weitgehend zu ersetzen, um so die Fehlerhäufigkeit bei der Programmerstellung zu reduzieren. Ein gutes Beispiel liefert das Betriebssystem UNIX, dessen Code aus über 90% C-Code besteht.

C läßt allerdings einige Konzepte, welche in anderen höheren Programmiersprachen vorhanden sind, vermissen. Dies war der Anlaß zur Weiterentwicklung von C zur Programmiersprache C++.

Wesentliche Änderungen sind zum einen die Einbettung des Klassenkonzeptes, welches z.B. in Simula67 vorzufinden ist, zum anderen die Möglichkeit des Operator Overloading. Speziell die Verwendung von Klassen und die explizite Trennung der Daten in "öffentlich" zugreifbare und "private" Teile ermöglicht es, das grundlegende Konzept der abstrakten Datentypen mit einfachen Mitteln zu realisieren. Außerdem unterstützt C++ den Aufbau von Klassenhierarchien und ermöglicht so objektorientiertes Programmieren.

Als Basis für C++ wurde C gewählt. Gründe hierfür sind zum einen, daß bereits eine Vielzahl von Bibliotheksfunktionen in C existieren (einige hunderttausend Programmzeilen), die weiterhin genutzt werden können, und zum anderen der große Bekanntheitsgrad von C, so daß C-Programmierer die Sprache mit geringem Aufwand erlernen können.

C++ ist eine relativ junge Sprache. Erste Versionen dieser Sprache sind unter dem Namen "C with Classes" ca. 1980 erstmals benutzt worden. Seit dieser Zeit unterliegt die Sprache einer ständigen Weiterentwicklung, die bis heute noch nicht vollständig abgeschlossen ist. Daher kann es vorkommen, daß einige wenige Sprachkonzepte von C++-Compilern noch nicht unterstützt werden. Der Name C++ tauchte erstmals 1983 auf. Für seine Interpretation gibt es mehrere Versionen. Die geläufigste ist, daß der Name aus dem C und dem Inkrementoperator ++ der Programmiersprache C entstand.

Diese Einführung geht davon aus, daß die Programmiersprache C dem Leser noch unbekannt ist, Kenntnisse in einer anderen höheren Programmiersprache (z.B. Pascal oder Simula) allerdings vorhanden sind.

So wird in den Kapiteln 2-6 der Anteil von C++ beschrieben, der, bis auf wenige Ausnahmen (insbesondere syntaktischer Art), identisch zu C ist. In den restlichen Kapiteln werden dann die o.g. Unterschiede zwischen C++ und C behandelt.

2 EIN EINFÜHRENDES BEISPIEL

Zu Beginn soll uns ein einfaches Beispiel einen Einblick in die Programmiersprache C++ geben.

```
1          /* Dieses Programm berechnet für eine eingegebene Zahl n
2             die Potenzen 2^n,3^n,...,11^n und speichert diese Ergebnisse
3             in einem Vektor (array) ab. Anschließend werden die
4             Inhalte des Vektors ausgegeben. */
5
6          #include <stream.h>
7
8          int i, n;
9
10         // Definition eines 10-elementigen Vektors v mit den
11         // Komponenten v[0], v[1], ..., v[9] vom Typ integer
12         int v[10];
13
14         /* Definition einer Funktion mit Namen b_pow_n und zwei
15            Parametern b und n. Das Ergebnis der Funktion ist ein
16            Integer-Wert, der dem Ergebnis von b^n entspricht. */
17
18         int b_pow_n(int b, int n)
19         {
20             // Definition einer lokalen Integer-Variablen result
21             // mit Anfangswert 1.
22             int result = 1;
23             while (n > 0)
24                 {
25                     result = result * b;
26                     n = n - 1;    // = ist der Zuweisungsoperator, in
27                 }                 // Pascal z.B. unter := bekannt
28             // Ergebnisrückgabe
29             return result;
30         }
```

```
31              // Beginn des Hauptprogramms
32              main()
33              {
34                 i = 0;
35                 cout << "Geben Sie eine ganze Zahl ein: \n";      // schreiben
36                 cin >> n;                                         // lesen
37                 while (i < 10)
38                 {
39                    v[i] = b_pow_n( (i+2), n);
40                    i = i + 1;
41                 }
42
43                 cout << "\nDie Ergebnisse sind: \n";
44                 i = 0;
45                 while (i < 10)
46                 {
47                    cout << (i+2) << " hoch " << n << " = " << v[i] << "\n";
48                    i = i + 1;
49                 }
50              }
```

In obigem Programm sind am linken Rand Zeilennummern aufgeführt worden, da wir uns so leichter auf Teile des Programms beziehen können. Sollte das Programm vom C++-Compiler übersetzt werden, so dürfen diese Zeilennummern nicht vorkommen.

Das Programm beginnt mit einem **Kommentar** (Zeilen 1-4), in dem beschrieben wird, welche Funktionen dem Benutzer zur Verfügung gestellt werden. Ein Kommentar wird durch die Zeichen /* und */ eingeschachtelt oder, wie in den Zeilen 10, 11, 20, 21, mit dem Zeichen // begonnen; in diesem Fall gilt der Rest der Zeile als Kommentarzeile. Kommentare werden grundsätzlich vom Compiler überlesen und dienen somit nur dem besseren Verständnis eines Programms. Es ist nicht erlaubt, Kommentare innerhalb von Kommentaren zu verwenden.

In Zeile 6 wird durch den Befehl **#include** die Datei **stream.h** eingebunden, d.h. sie wird beim Kompilieren an dieser Stelle eingefügt. In dieser Datei sind u.a. die Deklarationen der Funktionen zur Ein- und Ausgabebehandlung abgelegt. Ohne diesen *include*-Befehl wären die Ein- bzw. Ausgabeanweisungen **cin >>** bzw. **cout <<** nicht verwendbar. Die spitzen Klammern um den Namen *stream.h* geben an, daß diese Datei unter einem vordefiniertem Directory steht, üblicherweise */usr/include/CC*. Der Befehl *#include* muß am linken Rand der zu kompilierenden Datei stehen, da dieser Befehl sonst nicht ausgeführt wird.

In den Zeilen 8 und 12 werden Variablen vom Typ **int** (Integer = ganze Zahlen) definiert, wobei die Variable *v* ein Vektor mit 10 Komponenten ist.

Die Zeilen 18-30 enthalten die Definition einer Funktion mit Namen *b_pow_n*. Wird diese Funktion mit zwei aktuellen Parametern für *b* und *n* aufgerufen, so wird das Ergebnis b^n berechnet. Die Ergebnisrückgabe erfolgt durch das Schlüsselwort **return**.

In den Zeilen 32-50 steht das Hauptprogramm, gekennzeichnet durch das Schlüsselwort **main**. *main* ist eine spezielle Funktion (hier mit leerer Parameterliste, daher die beiden runden Klammern), welche in jedem lauffähigen C++-Programm vorhanden sein muß. Denn wird ein Programm aufgerufen, so wird nach der speziellen Funktion *main* gesucht, welche automatisch aufgerufen wird.

Die geschweiften Klammern { bzw. } kennzeichnen den Beginn bzw. das Ende eines Blockes. So ist z.B. der Funktionsrumpf (-block) von *b_pow_n* durch die geschweiften Klammern in den Zeilen 19 und 30 gekennzeichnet. Die Bedeutung von { und } ist z.B. vergleichbar mit den Schlüsselwörtern *begin* und *end* der Programmiersprachen Pascal und Simula.

Abschließend noch ein paar Worte zu den Ein- und Ausgabeoperatoren. Mittels **cout <<** werden Ausgaben vorgenommen. So wird in Zeile 35 der in Hochkommata stehende Text (String) *'Geben Sie eine ganze Zahl ein:'* ausgegeben. Das spezielle Symbol \n veranlaßt einen Zeilenvorschub, so daß die nächste Ausgabe am Anfang der nächsten Zeile erfolgt. Spezielle Symbole innerhalb einer Ausgabe sind grundsätzlich durch das Zeichen \ gekennzeichnet. Weitere Symbole zur Manipulation des Ausgabeformats sind im Anhang verzeichnet.

Zeile 47 zeigt ein anderes Format für die Ausgabeanweisung. Die Anweisung ist äquivalent zur Anweisungsfolge:

```
cout << (i+2);
cout << " hoch ";
cout << n;
cout << " = ";
cout << v[i];
cout << "\n";
```

Mittels **cin >>** werden Eingaben von der Tastatur den angegebenen Variablen zugewiesen. So bedeutet die Anweisung *cin >> n;* (Zeile 36), daß der eingegebene Wert der Variablen *n* zugewiesen wird (vorausgesetzt, daß eine ganze Zahl eingegeben wird).

In den nächsten Kapiteln wollen wir uns mit den Grundlagen der Sprache C++ beschäftigen, wie z.B. Deklarationen, Typen und Anweisungen.

3 DEKLARATIONEN/DEFINITIONEN

Bevor ein Name, wie z.B. *result* aus unserem einführenden Beispiel, benutzt werden darf, muß er deklariert werden, d.h. es muß angegeben werden, von welchem Typ diese Variable ist. Z.B.:

```
int     count;
char    ch;
float   x = 5.0;
```

Diese **Deklarationen** sind auch zugleich **Definitionen**, da sie direkt den entsprechenden Speicherplatz für diese Variablen reservieren.

Deklarationen wie z.B.

```
extern int re;
```

sind dagegen keine Definitionen, da nur mitgeteilt wird, daß die Variable *re* vom Typ int ist und extern definiert ist. Es wird für *re* kein Speicherplatz zum Zeitpunkt der Deklaration reserviert.

In einer Definition ist es zusätzlich möglich, die Variable zu initialisieren.

```
float   x   = 5.1;
int     i   = 16;
char    ch  = 'c';
```

Deklarationen bzw. Definitionen sehen allgemein also wie folgt aus

```
<Typ_name>   <Variablen_name>   [ = <Anfangs_wert> ];
```

wobei die Angabe eines Anfangswertes optional ist.

Namen werden in C++ genauso gebildet wie in vielen anderen Programmiersprachen. Ein **Name** (Identifier) besteht aus einer Folge von Buchstaben und Ziffern, wobei das erste Zeichen (Character) eines Namens ein Buchstabe sein muß. Das spezielle Zeichen _ wird ebenfalls als Buchstabe gewertet. Man beachte, daß C++ zwischen Groß- und Kleinschreibung der Zeichen unterscheidet. Gültige Namen sind z.B.

```
u_name
sehr_langer_variablen_name
_var
_vAr     // ist ein anderer Name als _var!
b78u8
```

Reservierte Worte, wie z.B. *return*, sind im allgemeinen nicht als Identifier zugelassen. Eine Tabelle der reservierten Worte ist im Anhang verzeichnet.

4 TYPEN, KONSTANTEN, OPERATOREN, AUSDRÜCKE

4.1 Typen

Jeder Name (Identifier) in einem C++-Programm muß mit einem Typ assoziiert werden. Die Angabe des Typs bestimmt die erlaubten Operationen auf diesem Identifier. C++ bietet bestimmte elementare Typen und Konstruktoren zur Erzeugung weiterer (abgeleiteter) Typen an.

4.1.1 Elementare Typen und Typkonvertierung

C++ besitzt folgende elementare Typen:

```
            char
    short   int
            int
    long    int
```

Sie repräsentieren Integer verschiedener Größe. Man beachte, daß auch der Typ char (der zur Darstellung von Charactern verwendet wird) Integerwerte repräsentiert. Allerdings belegen Identifier vom Typ char im allgemeinen nur 1 Byte, welches zur Darstellung von Charactern ausreicht, zur Darstellung ganzer Zahlen aber oft unzureichend ist. Die Schlüsselworte short und long dienen der Größenangabe des definierten Identifiers, d.h. wieviel Speicherplatz durch diesen Identifier tatsächlich belegt werden soll. Durch die Größe eines Identifiers wird natürlich auch der darstellbare Zahlenbereich bestimmt.

Zur Definition positiver Identifier, kann das Schlüsselwort **unsigned** verwendet werden.

```
unsigned  int x;            //    x ist immer >= 0
unsigned  long int y;       //    y ist immer >= 0
```

Auf solchen als unsigned definierten Identifiern wird eine Arithmetik modulo 2^n (n = Anzahl der Bits) durchgeführt.

Das Schlüsselwort int kann auch weggelassen werden, z.B.

```
shortx;
long  a;
```

Der Typ solcher Identifier ist automatisch short int bzw. long int.

Weitere elementare Typen sind

float zur Darstellung einer geordneten Teilmenge der reellen Zahlen,

double zur Darstellung einer geordneten Teilmenge der reellen Zahlen, allerdings mit höherer Genauigkeit.

Der für die definierten Identifier reservierte Speicherplatz ist maschinenabhängig. Die Größen der Identifier lassen sich mit der C++-Compiler-Funktion **sizeof** ermitteln, die die Größe eines Identifiers als Vielfache der Größe eines Identifiers vom Typ char angibt. Per Definition gilt: sizeof(char) = 1.

Das einzige, was unabhängig vom Rechnertyp gewährleistet ist, sind folgende Ungleichungsketten:

```
1 = sizeof(char) <=sizeof(short)  < = sizeof(int) < = sizeof(long)  und
             sizeof(float)  < = sizeof(double).
```

Auf einer DEC VAX gilt z.B.:

```
int  x;
sizeof(x)  ergibt  4.

long int  y;
sizeof(y)  ergibt  4.
```

Dies bedeutet, daß durch Angabe von long int auf einer DEC VAX kein größerer Zahlenbereich dargestellt werden kann als mittels int.

4.1.1.1   Implizite Typkonvertierung

In der Regel lassen sich elementare Typen beliebig in Zuweisungen und
Ausdrücken mischen. Wo immer es möglich ist, werden Werte konvertiert,
so daß keine Information verloren geht. In arithmetischen Ausdrücken wird
folgende implizite Typkonvertierung vorgenommen. Bei einem binären
Operator, wie z.B. + oder *, der auf zwei Operanden unterschiedlichen Typs
angewendet wird, wird der Operand mit dem "niedrigeren" Typ zum
"höheren" Typ konvertiert. Die Konvertierung ist hierfür durch folgende
Regeln bestimmt:

Zunächst

Operanden vom Typ

```
char, short   -->   int
float         -->   double
```

dann	Operand	anderer Operand	Ergebnis
	double	--> double	double
andernfalls	long	--> long	long
andernfalls	unsigned	--> unsigned	unsigned
sonst	int	int	int

Jeder Operand vom Typ char oder short wird nach int und jeder Operand
vom Typ float nach double konvertiert. Danach wird der andere Operand
entsprechend konvertiert.

Bei Zuweisungen wird versucht den Wert der rechten Seite in den Typ der
linken Seite zu konvertieren. Hierbei kann es zu Informationsverlusten
kommen (z.B. Zuweisung eines double-Wertes an einen Integer-Identifier).

```
        int   i ;
        char  d   = 'b';
        i         = d;
        d         = i;          // d = 'b'
```

Der Wert von d ändert sich nicht.

```
        float x   = 2.4;
        int   i ;
        i         = x;          // i = 2
```

Der Wert von i ist 2.

```
        int   i   = 256 + 255;
        char  ch  = i;
        int   j   = ch;         // j ≠ 511
```

j enthält ein anderes Ergebnis als 511. Der aktuelle Wert von j hängt vom jeweiligen Rechnertyp ab. Ist char signed, so ist j = -1, und falls char unsigned ist, gilt j = 255.

4.1.1.2   Explizite Typkonvertierung

Eine explizite Typkonvertierung läßt sich durch Aufruf spezieller Konvertierungsfunktionen vornehmen. Diese Funktionen haben den gleichen Namen wie der entsprechende Typ, der als Ergebnis der Konvertierung vorliegen soll.

```
        float   r 1 =  float(1); // Konvertierung der Integerzahl 1 zur
                                 // reellen Zahl 1.0
        double  r 2 =  double(5);
```

Es ist auch erlaubt, die ursprüngliche C-Notation (cast ≈ in Form bringen, formen) zu benutzen, also

```
        float   r 1 =  (float)1;
        double  r 2 =  (double)5;
```

Die funktionale Notation kann nur für Typen verwendet werden, die einen einfachen Namen haben. Um z.B. einen Integerwert in eine Adresse zu konvertieren, muß die Konvertierung in cast-Notation angegeben werden.

```
char* p = (char*)0777;
```

oder es muß ein einfacher Name für den Typ char* mittels typedef definiert werden (vgl. 4.1.3).

```
typedef char* Pchar;
char* p = Pchar(0777);
```

4.1.2 Abgeleitete Typen

Aus den elementaren Typen lassen sich nun mittels einiger Operatoren weitere Typen ableiten. Diese Operatoren sind

```
*     Pointer        (Präfix-Operator)
&     Referenz           "
[]    Vektor         (Postfix-Operator)
()    Funktion           "
```

Diese Operatoren beziehen sich jeweils auf die angegebene Variable (s.u. Definition von Identifierlisten). Die Operatoren zur Definition von Vektoren und Funktionen sind uns bereits aus dem einführenden Beispiel bekannt.

Zwischen diesen Operatoren besteht folgende Prioritätenregelung

1. (), [ ]
2. *, &

Beispiele:

```
int*    a;     //   Pointer auf eine Integer-Zahl. In anderer
               //   Schreibweise sieht diese Definition
               //   folgendermaßen aus:
int     *a;
float   v[10]; //   Vektor bestehend aus 10 reellen Zahlen
char*   p[20]; //   Vektor bestehend aus 20 Character-
               //   Pointern. In anderer Schreibweise sieht
               //   diese Definition folgendermaßen aus:
char    *p[20];
int     f(int); //   Deklaration einer Funktion mit Namen f
               //   und einem formalen Parameter vom Typ
               //   int und Ergebnistyp int.
```

O.g. Prioritätsreihenfolge läßt sich durch explizite Klammerung beeinflussen.

```
int (*p)[10];           // Pointer auf einen Vektor von 10
                        // Integer-Zahlen
int (*fp)(char, char*);
                        // Pointer auf eine Funktion mit
                        // formalen Parametern vom Typ char
                        // und char* und Ergebnistyp int.
```

Bei der Definition können auch Identifierlisten nach der Typangabe vorkommen.

```
int x, y, z;      // entspricht der Definition int x; int y; int z;
```

Doch Vorsicht bei der Definition abgeleiteter Typen.

```
int* p, y;      // entspricht   int *p; int y;
```

Solche Definitionen sollten daher wie folgt aussehen

```
int  *p, y;
```

4.1.2.1 Referenz

Eine Referenz ist im Prinzip nichts anderes als ein anderer Name für ein Objekt. *T& name* bedeutet, daß das so definierte Objekt eine Referenz auf ein Objekt vom Typ T ist.

```
int  i = 1;
int& r = i;      // r und i beziehen sich auf dasselbe Objekt
int  x = r;      // x = 1
r = 2;           // r wird der Wert 2 zugewiesen, somit gilt
                 // auch i = 2
```

Eine Referenz muß initialisiert werden, da etwas existieren muß, wofür die Referenz ein Name ist. Da eine Referenz nur ein anderer Name für ein Objekt ist, werden alle Operatoren, die auf die Referenz angewandt werden, direkt auf das referenzierte Objekt angewandt.

```
int   i = 0;
int&  r = i;      // r = 0
r = r + 5;        // r = 5 und i = 5
```

Mittels des unären Operators & läßt sich die Adresse eines Objektes bestimmen und z.B. einem Pointer (Zeiger) zuweisen, vgl. untenstehendes Beispiel.

4.1.2.2   Pointer

Für die meisten Typen T ist T* der Typ *Pointer auf T*. D.h. eine Variable vom Typ T* kann die Adresse eines Objektes vom Typ T enthalten. Die fundamentalste Operation, welche für Pointer definiert ist, ist das **Dereferenzieren**, also der Zugriff auf das Objekt, auf welches der Pointer verweist.

```
char    c1 = 'a';
char*   p  = &c1;    // p enthält die Adresse von c1
char    c2 = *p;     // c2 = 'a', Dereferenzieren von p
```

Die Variable, auf die *p* zeigt, ist *c1* mit Wert *'a'*. Somit ist der Wert von *p*, welcher *c2* zugewiesen wird, ebenfalls *'a'*.

Ein Pointer kann auch auf "Nichts" verweisen, d.h. er enthält keine relevante Adresse. Man sagt, der Pointer verweist auf **NIL**. Als Wert für NIL wird die 0 genommen.

```
char*   pc = 0;      // Pointer pc "verweist" auf NIL.
```


4.1.2.3   Vektoren

Für einen Typ T ist T[size] vom Typ *Vektor von size Elementen des Typs T*. Die Elemente sind indiziert mit den Werten 0 bis size-1.

```
float  v[3];       // Vektor von 3 reellen Zahlen: v[0], v[1], v[2]
int    a[2][3];    // Zwei Vektoren bestehend aus jeweils 3
                   // Integer-Zahlen
char*  vcp[32];    // Vektor von 32 Character-Pointern
```

Eine Initialisierung von Vektoren bei der Definition erfolgt durch Angabe der jeweiligen Elemente (man beachte die Reihenfolge):

```
char v[2][5] = {'a', 'b', 'c', 'd', 'e',        // Erster Vektor
                '1', '2', '3', '4', '5' };      // Zweiter Vektor
```

Obige Initialisierung kann auch vollständig geklammert angegeben werden.

```
char v[2][5] = { {'a', 'b', 'c', 'd', 'e'},     // Erster Vektor
                 {'1', '2', '3', '4', '5'} };   // Zweiter Vektor
```

Bemerkung: Die Initialisierung von Vektoren innnerhalb einer Funktion ist bei manchen Compilern noch nicht implementiert. In diesen Fällen ist es nötig, Vektoren global oder als static zu definieren oder durch Einzelanweisungen bzw. Schleifen zu initialisieren.

Der Zugriff auf die Komponenten eines Vektors erfolgt durch Angabe der entsprechenden Indizes, also gilt z.B. für den oben definierten Vektor v:

```
v[0][0]    enthält den Wert 'a'
v[1][2]    enthält den Wert '3'
v[0][3]    enthält den Wert 'd'.
```

Zwischen Pointern und Vektoren besteht eine enge Beziehung. Ein Vektor ist im Prinzip nichts anderes als ein konstanter Pointer, der auf das erste Element des Vektors verweist. Man kann auf den Anfang eines Vektors einen Pointer setzen und mit diesem die Elemente des Vektors genauso einfach manipulieren, wie durch den oben beschriebenen Zugriff auf die Vektorkomponenten. Z.B. :

```
int   a[10];      // Vektor aus 10 Integer-Zahlen
int   *pa;        // Pointer auf Integer;
pa = &a[0];       // Zuweisung der Adresse von a[0], dem
                  // Anfang des Vektors.
```

Durch Definition von

```
int x = *pa;      // x = a[0]
```

erhält man eine Integervariable x mit Anfangswert a[0].

Mittels des Pointers pa läßt sich nun auf beliebige Vektorkomponenten zugreifen. Per Definition zeigt nämlich (pa + 1) auf das nächste Vektorelement, also a[1] und *(pa + 1) ergibt den Wert, der unter a[1] abgespeichert ist. Allgemein gilt , daß (pa + i) auf a[i] verweist und *(pa + i) den Wert a[i] besitzt (vorausgesetzt, pa verweist auf a[0]). Analog läßt sich mit (pa - i) die i-te Komponente vor der Komponente, auf die pa verweist, ansprechen.

Es ist sogar erlaubt, den Zugriff *(pa + i) wie den üblichen Zugriff auf

Vektoren zu spezifizieren, also pa[i], sofern pa ein Zeiger auf einen Vektor ist.

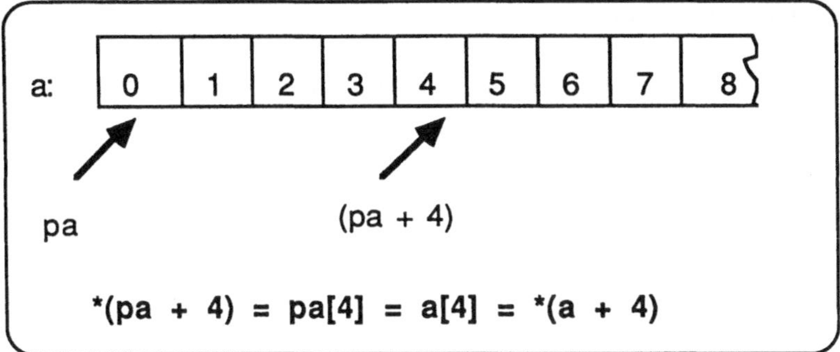

Bemerkung: Man bedenke also immer, daß ein Vektor nichts anderes ist als ein **konstanter** Pointer (kann daher nicht verändert werden) auf den Anfang des Vektors. Dies ist insbesondere dann von Bedeutung, wenn Vektoren als Parameter von Funktionen oder als Ergebnis einer Funktion definiert werden (vgl. Kapitel 6.2.3 und 6.3).

Wie obige Möglichkeiten der Adressrechnung zeigen, muß man selbst darauf achten, ob die Grenzen des Vektors überschritten werden. Wenn man Glück hat, stürzt das Programm bei solchen Operationen ab (core dumped), hat man Pech, wird mit dem entsprechenden Wert, auf den z.B. (pa - i) verweist, weitergearbeitet.

Ein Vektor kann auch ohne Angabe der Dimension deklariert bzw. definiert werden. Dies ist z.B. dann sinnvoll, wenn der Vektor extern definiert ist und in einer anderen Datei deklariert werden soll. Es müssen dann keine Annahmen über die Dimension getroffen werden.

```
extern int v[ ];
```

Bei der Definition eines Vektors ohne Dimensionsangabe muß dieser initialisiert werden. Die Dimension des Vektors errechnet sich aus der Anzahl der Anfangswerte.

```
char alpha[ ] = "abcdef";
// Initialisierung mit einem String

int x[ ] = {1,3,5};
// äquivalent zu int x[3] = {1,3,5};
```

Diese Notation ist besonders hilfreich bei der Definition von Character-Vektoren und deren Initialisierung durch Strings. Bei der Definition eines mehrdimensionalen Vektors darf nur die erste Komponente dimensionslos angegeben werden.

4.1.2.4 Der spezielle Typ "void"

Der Typ **void** wird benutzt, um

- Funktionen zu definieren, die keinen Rückgabewert liefern (in Pascal procedures genannt)

```
void f();   // f gibt kein Ergebnis zurück
```

- Pointer zu definieren, welche auf Objekte eines zur Compilierungszeit unbekannten Typs verweisen.

```
void* pv;   // Pointer auf ein Objekt unbekannten Typs
```

Dem Pointer *pv* kann nun der Pointer auf ein Objekt beliebigen Typs zugewiesen werden. Pointer vom Typ void* können nicht dereferenziert werden, da es keine Objekte vom Typ void gibt. Der Zugriff ist nur über explizite Typkonvertierung möglich.

Der Typ void* wird hauptsächlich dazu verwendet, formale Parameter einer Funktion zu spezifizieren, wenn keine Annahmen über den Parametertyp getroffen werden können. Solche Funktionen existieren typischerweise auf tiefster Systemebene, wo Hardware-Ressourcen manipuliert werden.

Beispiel:

```
void*  allocate(int size);
void   deallocate(void*);
f()
{
    int*    pi = (int*) allocate(10*sizeof(int));
    // Explizite Typkonvertierung
    char*  pc = (char*) allocate(10);
    // ...
    deallocate(pi);
    deallocate(pc);
}
```

Die Prozeduren *allocate* und *deallocate* dienen der dynamischen Belegung bzw. dem dynamischen Freigeben von Speicherplätzen. Die Prozedur *deallocate* kann z.B. keine Annahmen über den Typ des Parameters treffen, da dies erst bei Aufruf feststeht.

Weitere abgeleitete Typen sind Klassen, Structures und Unions, auf die wir an späterer Stelle genauer eingehen werden.

4.1.3 Typedef

Um ein Programm lesbarer zu gestalten, ist es häufig sinnvoll, abgeleitete Typen zu benennen. Schreibt man z.B. ein Programm in dem häufig 5x5-Integermatrizen verwendet werden, so könnte man an jeder Stelle, an der man solche Objekte benötigt, definieren

```
int  matrix_a[5][5];
```

Übersichtlicher wäre es nun, wenn man einen Typ *5x5-Integermatrix* definieren könnte. Dies geht mit dem speziellen Deklarationswort **typedef**.

```
typedef int  Matrix[5][5];
```

Matrix ist nun der Name eines Typs, und Identifier lassen sich jetzt wie üblich definieren

```
<Typname> <Identifier>;
```

Also

```
Matrix a, b;    // a und b sind jetzt vom Typ
                // 5x5-Integermatrix
```

Man beachte, daß typedef nur einen anderen Namen für einen Typ, aber nicht einen neuen Typ definiert.

Syntaktisch erfolgt die Deklaration eines neuen Namens für einen Typ wie die Deklaration einer Variablen diesen Typs, wobei nur das Schlüsselwort typedef vorangestellt wird. Also

```
        int   *pi;     // Variable vom Typ Pointer auf Integer
typedef int   *PI;     // Ein anderer Name für den Typ Pointer auf
                       // Integer ist jetzt PI
```

4.2 Konstanten

C++ unterscheidet zwischen folgenden Konstanten für elementare Typen

> Integer - Konstanten,
> Character - Konstanten,
> Konstanten für reelle Zahlen.

Ferner ist 0 eine Konstante für Pointer, und Strings sind Konstanten vom Typ char[ ]. Außerdem können Namen ·(Identifier) als Konstanten definiert werden.

4.2.1   Integer-Konstanten

Integer-Konstanten kommen in vier verschiedenen Formen vor:

dezimal, oktal, hexadezimal und als **character**-Konstanten.

Man erinnere sich: char repräsentiert einen bestimmten Bereich der Integerzahlen.

Beispiel:

> dezimal   0   2   63   83
>
> oktal   0   02   077   0123
> Die Oktaldarstellung ist gekennzeichnet durch eine vorangestellte **Null**.
>
> hexadezimal 0x0   0x2   0X3f   0x53
> Die Hexadezimaldarstellung ist gekennzeichnet durch den Anfang **0x** oder **0X**.

4.2.2   Character-Konstanten

Eine Characterkonstante wird in Hochkommata angegeben.

'a' 'b' 'c' '1' '\n' (Zeilenvorschub, vgl. Kap. 2)

Um alle Character als Konstanten angeben zu können (also auch nicht auf dem Bildschirm darstellbare Zeichen), können Character-Konstanten auch durch ihren entsprechenden Integerwert (abhängig vom verwendeten Zeichensatz) angegeben werden. Hierbei wird die angegebene (max. 3-stellige) Integerzahl als Oktalzahl (jetzt ohne vorangestellte Null) oder als Hexadezimalzahl interpretiert.

Die Integerzahl muß dabei zu Beginn den backslash (\) enthalten und in einfachen Hochkommata geschrieben werden.

oktal	hexadezimal	ASCII-Zeichen
'\6'	'\x6'	ack
'\60'	'\x30'	0
'\137'	'\x05f'	_

4.2.3   Reelle Konstanten

Reelle Konstanten sind vom Typ double. Sie können sowohl in üblicher Fließkommadarstellung als auch in exponentieller Form angegeben werden. Der Exponent wird durch ein vorangestelltes *e* oder *E* gekennzeichnet.

Beispiele:

        1.23
        .23
        1.
        1.2e10
        1.23e-15
        4.78E+3
        4E+5

4.2.4   Strings

Eine Stringkonstante ist eine Folge von Charactern, die durch doppelte Hochkommata eingeschlossen wird.

Beispiel:

        "dies ist ein string"

Jede Stringkonstante enthält <u>zusätzlich</u> das Zeichen '\0´ (mit Wert 0), welches das Ende des Strings kennzeichnet. Somit gilt

        sizeof("abcd") = 5.

4.2.5   Const

Mit dem Schlüsselwort **const** lassen sich Objekte definieren, die einen Identifier zu einer Konstanten erklären, dessen Wert nicht verändert werden darf.

```
const int model = 144;
model = 166; // Fehler, Zuweisung nicht erlaubt, da model
             // eine Konstante ist.
```

Um konstante Pointer zu definieren, wird dagegen das "Schlüsselwort" ***const** verwendet.

```
char *const cp  = "asdf";  / / konstanter Pointer
cp[3]           = 'a';     / / OK
cp              = "ghjk";  / / Fehler
```

cp ist eine Konstante, d.h. der Pointer darf nicht verändert werden. Das Objekt, auf das der Pointer zeigt, ist dagegen keine Konstante und kann daher verändert werden. Definiert man andererseits

```
const char* pc  = "asdf";  / / Pointer auf eine Konstante
pc[3]           = 'a';     / / Fehler
pc              = "ghjk";  / / OK
```

so verweist *pc* auf eine Konstante, ist selbst aber keine Konstante. Daher kann das Objekt, auf das *pc* verweist, nicht verändert werden, aber *pc* darf verändert werden. Um einen konstanten Pointer auf ein konstantes Objekt

zu definieren, müssen sowohl Pointer als auch das referenzierte Objekt
als Konstanten definiert werden.

```
const char *const cpc  = "asdf";
// konstanter Pointer auf ein konstantes Objekt
cpc[3]    = 'a';             // Fehler
cpc       = "ghjk";          // Fehler
```

Anmerkung:
*const ist kein Schlüsselwort im üblichen Sinne. Es ist z.B. auch erlaubt die Definition von *cpc*
wie folgt anzugeben.

```
const char*  const cpc = "asdf";
```

Es kommt also nur auf die Stellung des Schlüsselwortes const an. Das "Schlüsselwort" *const
möge hier als Gedächtnisstütze dienen.

4.2.6   Aufzählungen

Eine bequemere und übersichtlichere Methode, Integerkonstanten zu
definieren, ist die Verwendung von Aufzählungen.

Beispiel:
```
enum {Peter, Paul, Mary};
```

definiert 3 Integerkonstanten mit den Werten 0, 1, 2. Äquivalent hierzu ist
die Definition

```
const int Peter    = 0;
const int Paul     = 1;
const int Mary     = 2;
```

Aufzählungen können mit einem Namen versehen werden.

```
enum NAMES {Peter, Paul, Mary};
```

Der Name dieser Aufzählung ist dann ein Synonym für den Typ int, aber
kein neuer Typ. Er dient der Übersichtlichkeit eines Programms, z.B.

```
NAMES key;           // key ist vom Typ int
if (key == Peter) ... // == ist der Vergleichsoperator
key = Paul;          // Zuweisung des Wertes 1 an key
```

key darf Werte aus dem gesamten Integerbereich annehmen, da *NAMES* nur
ein Synonym für int ist.

```
        key = 5;              //  OK
```

Durch Angabe konstanter Ausdrücke können auch andere Werte für die Integerkonstanten definiert werden.

```
        enum {Paul, Otto, Peter = 20, Mary};
```

ist äquivalent zu

```
        const int Paul      = 0;
        const int Otto      = 1;
        const int Peter     = 20;
        const int Mary      = 21;
```

Jeder Integerkonstanten wird, sofern nicht anders definiert, der um 1 erhöhte Wert des "Vorgängers" zugewiesen.

4.3 Operatoren

In C++ gibt es keine typspezifischen Operatoren, wie z.B. in Pascal der div-Operator (ganzzahlige Division) und / für die Division reeller Zahlen. Soll eine Operation ausgeführt werden und sind die Operanden nicht vom entsprechenden Typ, so wird eine implizite Typkonvertierung (sofern möglich) gemäß den Regeln aus 4.1.1.1 vorgenommen.

Diesen Umstand sollte man nicht außer acht lassen, denn dies bedeutet z.B.:

> 3/5   ergibt 0, da die Operanden vom Typ int sind und somit der Operator / als die ganzzahlige Division interpretiert wird, aber
>
> 3.0/5   ergibt 0.6, da nun eine implizite Typkonvertierung der *5* nach double vorgenommen wird und der Operator / als Division reeller Zahlen interpretiert wird.

Ferner kann für kommutative und assoziative Operatoren, wie z.B. +, **keine** Prioritätsregelung durch explizite Klammerung herbeigeführt werden. D.h. der Ausdruck ((a * b) * c) kann tatsächlich in der Reihenfolge (a * (b * c)) ausgewertet werden. Der Compiler versucht bei solchen Operatoren die Operanden so umzustellen, daß eine möglichst effiziente Auswertung des Ausdrucks vorgenommen werden kann. Die Auswertungsreihenfolge solcher Ausdrücke ist im allgemeinen unbestimmt und hängt vom Einzelfall ab.

Daher sollte man möglichst nie Ausdrücke verwenden, bei denen das Ergebnis von der Auswertungsreihenfolge abhängt. Dies ist sowieso schlechter Programmierstil in allen Sprachen.

Zur Abschreckung diene dem Leser folgendes Programmstück, dessen Bedeutung nach Lesen des Abschnitts 4.3 verständlich sein sollte.

```
int  vi[5]              = {1, 2, 3, 4, 5};
double vd               = {1.0, 2.0, 3.0, 4.0, 5.0};
int ai, bi, ci, di, wi, i  = 0;
double ad, bd, cd, dd, wd;
wi = (  ai = v[i++]) * (bi = v[i++]) /
        ( (ci = v[i++]) * (di = v[i++]) );
i = 0;
wd = (  ad = v[i++]) * (bd = v[i++]) /
        ( (cd = v[i++]) * (dd = v[i++]) );
```

Die Ausgabe der Werte von ai,..., di, ad,..., dd läßt erkennen, wie die jeweiligen Ausdrücke ausgewertet wurden (Übung für den Leser).

```
cout << ai << " " << bi << " " << ci << " " << di << "\n";
cout << ad << " " << bd << " " << cd << " " << dd << "\n";
```

Bemerkung: Die Auswertungsreihenfolge zwischen sog. sequence points ist i.a. unbestimmt. Es ist nur garantiert, daß beim Erreichen eines solchen sequence point alle auszuführenden Anweisungen abgeschlossen sind bzw. werden. Sequence points sind z.B.

```
;      (Semikolon)
,      (Kommaoperator)
||     (logisches oder)
&&     (logisches und)
```

Im folgenden werden die wichtigsten Operatoren der Sprache C++ behandelt.

4.3.1   Arithmetische Operatoren

Arithmetische Operatoren sind

```
+ Addition
- Subtraktion
* Multiplikation
/ Division
% Modulooperator  (Divisionsrest)
```

Beispiele:

```
int k    = 5 % 3;   // k = 2
int j    = 5 * 3;   // j = 15
int i    = -j;      // i = -15,  - als unärer Operator
double r = 5 / 3;   // r = 1
int l    = k + j + i;// l = 2
```

4.3.2   Vergleichsoperatoren und boolesche Operatoren

Vergleichsoperatoren sind

```
>    größer
>=   größer oder gleich
<    kleiner
<=   kleiner oder gleich
==   gleich (beachte: = ist der Zuweisungsoperator !!)
!=   ungleich
```

Vergleichsoperatoren haben geringere Priorität als arithmetische Operatoren. Die Prioritätsreihenfolge der Vergleichsoperatoren untereinander entnehme man der Tabelle im Anhang.

Beispiel:

```
int x = 1;
int y = 5;
(x < y)        // ist wahr
```

Hier bemerken wir, daß kein Typ *boolean*, wie z.B. aus Pascal oder Simula bekannt, existiert. Was sind also die Ergebnisse von Vergleichsoperationen?

Vergleichsoperatoren liefern als Ergebnis einen Integerwert, wobei ein Wert **ungleich Null** als wahr **(true)** und ein Wert **gleich Null** als falsch **(false)** interpretiert wird. Für true liefern alle Vergleichsoperatoren den Wert 1. In booleschen Ausdrücken werden aber auch Werte $\neq 1$ (sofern sie auch $\neq 0$ sind) als true interpretiert.

Setzen wir obiges Beispiel nun fort:

```
int k = (x < y);     // k = 1
int i = (x == y);    // i = 0
```

Boolesche Operatoren sind

      &&   logisches und
      || logisches oder
      !   logisches nicht

Interessant ist hierbei, daß Ausdrücke, in denen ein 'logisches und' bzw. ein 'logisches oder' vorkommt, immer von links nach rechts ausgewertet werden und die Auswertung abbricht, sobald ein Operand *false* (beim 'logischen und') bzw. *true* (beim 'logischen oder') ist. Abfragen wie z.B.

      if ((pointer != 0) && (pointer ->wert == 5)) ...

führen daher nicht zu einem Fehler, falls *pointer* auf NIL verweist.

Die Tatsache, daß es keinen Typ *boolean* gibt, läßt es zu, Bedingungen in für manchen Programmierer ungewohnter Form zu schreiben.

So ist

      while (i != 0) ....   // i vom Typ int

äquivalent zu

      while (i) ...

4.3.3   Inkrement- und Dekrement-Operatoren

C++ (wie auch C) besitzt zwei Operatoren, um direkt Inkrementierung und Dekrementierung auszudrücken :

Der Inkrementoperator **++** erhöht den Wert des Operanden um 1, der Dekrementoperator **--** erniedrigt ihn um 1.

Beide Operatoren können sowohl als Präfix- als auch als Postfixoperatoren verwendet werden. Wird z.B. der Inkrementoperator ++ als **Präfix**operator benutzt, so bedeutet dies, daß <u>zuerst</u> der Operand um 1 erhöht wird und dann der Operand ausgewertet wird. Wird ++ als **Postfix**operator verwendet, so ist das Ergebnis der Wert des unveränderten Operanden und erst <u>danach</u> wird der Operand inkrementiert. Der analoge Sachverhalt gilt für den Dekrementoperator --.

Beispiele:

```
int x     = 3;
int y     = x++;      // y = 3, x = 4
int k     = ++y;      // y = 4, k = 4
int i     = --k;      // k = 3, i = 3
int j     = i--;      // j = 3, i = 2

int v[4]  = {1,2,3,4};
int *pv   = &v[0];    // pv zeigt auf den Anfang des Vektors v
int *p1   = ++pv;     // p1und pv zeigen auf v[1]
int a     = *p1++;    // a = v[1], p1 zeigt auf v[2]
```

Der Operator ++ bezieht sich hier auf p1 und nicht auf *p1, da unäre
Operatoren gleicher Priorität rechts-assoziativ sind; somit ist *p1++
äquivalent zu *(p1++).

Welche Operatoren rechts- bzw. links-assoziativ sind, entnehme man der
Operatortabelle im Anhang.

4.3.4   Bitweise logische Operatoren

Wie bereits angesprochen, bietet C++ diverse Möglichkeiten an, um die
Objekte der Hardware (also Bits bzw. Bytes) direkt zu manipulieren. Hierzu
stehen einige einfach zu handhabende Operatoren zur Verfügung. Dies sind

```
&     bitweises und
|     bitweises inklusives oder
^     bitweises exklusives oder
<<    shiften nach links
>>    shiften nach rechts
~     1-er Komplement (unärer Operator)
```

Diese Operatoren lassen sich auf Integerobjekte anwenden, nicht aber auf
Objekte vom Typ float oder double.

Beispiele:

```
int x  = 5;           // Binärdarstellung ist 0...0101
int m  = 3;           // Binärdarstellung ist 0...0011
int y  = x & m;       // Binärdarstellung ist 0...0001, y = 1
int i  = 4;           // Binärdarstellung ist 0...0100
int j  = i << 2;      // Binärdarstellung ist 0...10000, j = 16
int k  = 6;           // Binärdarstellung ist 0...0110
int l  = ~k;          // Binärdarstellung ist 1...1001
```

4.3.5 Zuweisungsoperatoren

Den am häufigsten benutzten Operator kennen wir bereits, es ist der Zuweisungsoperator =. Eine Zuweisung wird wie folgt vorgenommen

<linke Seite> = <rechte Seite>.

Es werden rechte und linke Seite ausgewertet. Durch die Auswertung der linken Seite wird der Speicherbereich bestimmt, den die linke Seite angibt. Das Ergebnis der Auswertung der rechten Seite wird in den so ermittelten Speicherbereich abgelegt (kopiert).

Beispiele:

```
int  v[10];
int  a = 2;

Zuweisung:  v[a+3] = 8;                    // v[5] = 8


int  (*p)[10] = {1,2,3,4,5,6,7,8,9,10}; // Pointer auf Vektor
int  (*q)[10] = {11,12,13,14,15,16,17,18,19,20};

Zuweisung und Inkrementierung:
*p++ = *q++;
```

Obige Zuweisung wird wie folgt ausgewertet:

- Auswertung der rechten Seite ergibt 11,
- danach wird q inkrementiert und verweist auf die nächste Vektorkomponente mit Inhalt 12,
- dann wird die linke Seite ausgewertet, das Ergebnis ist ein Verweis auf die erste Komponente des Vektors, auf die p verweist (beachte: Inkrementoperator ++ als Postfixoperator),
- danach wird p inkrementiert und verweist auf die nächste Komponente mit Inhalt 2,
- dann wird der Wert der rechten Seite (11) in die vormals erste Komponente von p kopiert.

Somit ist *(p-1) = 11.

Leider ist die Auswertungsreihenfolge nicht so strikt sequentiell wie oben angedeutet. Es kann auch sein, daß zuerst die linke Seite ausgewertet wird und dann die rechte Seite. Das einzige, was garantiert ist, ist die erst später stattfindende Inkrementierung von *p* und *q* nach Auswertung des jeweiligen Ausdrucks. Daher ist das Ergebnis einer Zuweisung wie z.B.

```
int i  =   1;
v[i]   =   i++;
```

nicht immer gleich. Es kann sowohl v[1] = 1 bedeuten als auch v[2] = 1. Man beherzige also die Aufforderung vom Anfang des Kapitels 4.3.

Eine Zuweisung hat auch ein Ergebnis, und zwar den Wert, der zugewiesen wurde. Bei der Zuweisung *v[a+3] = 8;* ist dies also der Wert 8 und bei der Zuweisung **p++ = *q++;* der Wert 11.

Eine Zuweisung ist ein Ausdruck, und man kann daher auch schreiben

```
while (*p++ = *q++) ...
```

C++ kennt noch weitere Zuweisungsoperatoren. Sie sind Kombinationen des Zuweisungsoperators mit anderen binären Operatoren:

```
+=    -=    *=    /=    %=    >>=    <<=    &=    ^=    |=
```

Eine Zuweisung der Form

```
<linke Seite> <Operator>= <rechte Seite>
```

ist eine Kurzschreibweise für die Zuweisung

```
<linke Seite> = <linke Seite> <Operator> <rechte Seite>,
```

sofern keine Seiteneffekte auftreten, wie z.B. bei v[i++] *= 5;

Beispiel:

```
Zuweisung      y += x;
// ist äquivalent zu  y = y + x;
```

Der Vorteil der Verwendung solcher Zuweisungsoperatoren liegt in der effizienten Ausführung der Operationen, da die Adresse, die durch die linke Seite spezifiziert wird, nur einmal ermittelt wird.

Beispiel:

```
v[f(i)] += 3;    // f "laufzeitintensive" Funktion
```

4.4   Ausdrücke

Ausdrücke werden ähnlich wie in anderen höheren Programmiersprachen gebildet und sollten dem Leser daher bekannt sein. Im Anhang werden die Regeln zur Bildung eines Ausdrucks angegeben.

An dieser Stelle seien nur der bedingte Ausdruck und der Kommaoperator hervorgehoben.

Bedingter Ausdruck

Man betrachte z.B. die Anweisung

```
if (a > b)
    z = a;
else
    z = b;
```

deren Bedeutung intuitiv klar sein sollte. *z* enthält nach Ausführung der Anweisung das Maximum der Werte von *a* und *b*. Mittels des Operators ? läßt sich diese Anweisung wie folgt als Zuweisung schreiben

```
z = (a > b) ? a : b;
```

Allgemein ist der Wert des bedingten Ausdrucks

```
e1 ? e2 : e3
```

(wobei e1, e2 und e3 wiederum Ausdrücke sind,) gegeben durch den Wert von e2, falls e1 den Wert *true* besitzt (also einen Wert != 0), andernfalls durch den Wert von e3.

Kommaoperator

Mehrere Ausdrücke lassen sich mittels des Kommaoperators sequentiell auswerten. Der Ausdruck

```
Ausdruck_1, Ausdruck_2, ... , Ausdruck_n
```

wird von links nach rechts ausgewertet, und der Wert des gesamten Ausdrucks entspricht dem Wert von Ausdruck_n.

Beispiel:

```
int a = 0, b = 0, c;
c = (a++, b++, b++, b++);   // a = 1, b = 3, c = 2
```

Der Kommaoperator sollte nicht verwechselt werden mit dem Komma in einer Liste von Definitionen, wie z.B. in int x = 0, y = 0 oder dem Komma in der Parameterliste einer Funktion bzw. eines Funktionsaufrufes, wie z.B. in f(x,y,z). In diesen Fällen ist die Auswertungsreihenfolge der einzelnen Ausdrücke nicht festgelegt.

5 ANWEISUNGEN

Bisher sind uns nur zwei Anweisungstypen begegnet, und zwar die Deklaration und die Zuweisung mittels des Zuweisungsoperators. In diesem Kapitel wollen wir weitere Anweisungen der Sprache C++ behandeln, insbesondere die wichtigsten Kontrollanweisungen, die die Reihenfolge der Abarbeitung des Programms festlegen.

5.1 Elementare Anweisungen, Blockstruktur, Gültigkeitsbereich von Variablen

Ein Ausdruck, wie z.B. die Zuweisung x = 0 oder i++, wird zu einer Anweisung durch Anhängen eines Semikolons

```
x = 0;
i++;
```

Dies gilt auch für einen Ausdruck wie den Funktionsaufruf (vgl. einführendes Beispiel in Kap. 2).

Mehrere Anweisungen, die sequentiell aufeinander folgen, werden nacheinander ausgeführt.

```
x = 3;
y = x;   // y = 3
```

Anweisungen können auch zu einem **Block** zusammengefaßt werden und syntaktisch wie eine einzelne Anweisung behandelt werden. Ein solcher

Block wird durch einen Anfang, {, und durch ein Ende, }, gekennzeichnet.

```
{
    x = 2;
    y = x;
    z = 5 * x;
}
```

Anmerkung: In anderen Programmiersprachen werden häufig bestimmte Schlüsselwörter, etwa *begin* und *end*, zur Kennzeichnung eines Blockes verwendet.

Blöcke lassen sich, da sie syntaktisch wie eine einzelne Anweisung behandelt werden, auch ineinanderschachteln:

```
{
    x = 2;
    y = x;
    {
        z = 5 * x;
        k = z;
    }
}
```

Die Definition ist, wie bereits angesprochen, eine Anweisung und kann daher auch in einer Anweisungssequenz auftreten, z.B.

```
{
    x = 2;
    {
        int r = 3;
        z = 5 * r;      // z = 15
    }
    k = 5 * x;          // k = 10,   r ist hier undefiniert
}
```

Die Frage ist nun, in welchem Bereich die so definierten Variablen gültig sind. Wie obiges Beispiel andeutet, gilt:

Ein Identifier ist in dem Block gültig, in dem er definiert ist, und zwar ab der Stelle der Definition. Nach Verlassen des Blockes ist <u>dieser</u> Identifier nicht mehr bekannt.

Eine in einem inneren Block definierte Variable mit demselben Namen wie eine Variable eines äußeren Blockes "überdeckt" deren Definition. Nach Abarbeitung des inneren Blockes ist wieder die Definition des äußeren Blockes gültig.

```
{
   int x = 3;
   int y = x++;        // y = 3, x = 4
   {
      int x = 10;      // lokal  definiertes  x
      int y = 20;      // lokal  definiertes  y
      x = y + x * y;   // lokales x = 220
      y++;             // lokales y = 21
   }                   // ab hier sind die Identifier des inneren
                       // Blockes unbekannt
   x++;                // x = 5
   y++;                // y = 4
}
```

Da der Name *x* durch die Definition im inneren Block "überdeckt" wird, kann in diesem Block das zu Beginn definierte *x* nicht mehr angesprochen werden. Der Name *x* bezieht sich also hier nur auf das lokal definierte *x*.

Die einzige Möglichkeit, durch eine Definition überdeckte Variablen anzusprechen, bietet der **Scope**-Operator ::. Ist eine Variable <u>global</u> (also außerhalb der Funktion *main* und anderer Funktionen) definiert, so läßt sie sich durch Davorschreiben des Scope-Operators ansprechen.

```
int x = 3;        // globales x

main()
{
   int x = 1;     // lokales x
   ::x = 2;       // Zuweisung an globales x
   int y = x;     // y = 1
}
```

Einer global zu *main* (und anderen Funktionen) definierten Variablen wird nur einmal ein Speicherbereich zugewiesen. Die Variable bleibt bis zur Terminierung des Programms gültig. Lokal definierte Variablen sind dagegen nur innerhalb des Blockes gültig, in dem sie definiert werden. Ist der Block abgearbeitet, existiert die Variable nicht mehr, d.h. der ihr zur Definitionszeit zugewiesene Speicherbereich wird wieder automatisch freigegeben, so daß er für andere Zwecke verwendet werden kann.

Es gibt allerdings auch die Möglichkeit, eine Variable in einem Block zu definieren, so daß sie bis zur Terminierung des Programms existiert, sich also ähnlich zu global definierten Variablen verhält. Hierzu wird das Schlüsselwort **static** verwendet.

```
        main()
        {
           int a = 1;
           while (a < 4)
           {
              int b = 1;        // bei jedem Schleifendurchlauf
                                // wird für b dynamisch Speicherplatz
                                // reserviert und b initialisiert
              static int c = 1;
                                // für c wird nur einmal (statisch)
                                // Speicherplatz angelegt und c wird nur
                                // einmal initialisiert
(*)              a++;
                 b++;
                 c++;
           }
              a = c;           // Fehler, da c außerhalb der
                               // while-Schleife undefiniert ist
        }
```

Die Werte der Variablen a,b,c an der durch (*) gekennzeichneten Stelle, sind für die einzelnen Iterationen:

	a	b	c
1. Iteration:	1	1	1
2. Iteration:	2	1	2
3. Iteration:	3	1	3

Außerhalb der while-Schleife ist der Name c nicht mehr bekannt. Dies unterscheidet eine durch *static* in einem inneren Block definierte Variable von einer globalen.

Im folgenden werden die Kontrollanweisungen der Sprache C++ erläutert.

5.2   Kontrollanweisungen

5.2.1   if-else

Die *if-else* Anweisung wird zur Verzweigung des Programmablaufs benutzt. Die Syntax ist

```
if (Ausdruck)
    Anweisung_1
else
    Anweisung_2
```

Ist der Wert des Ausdrucks ungleich Null, so wird Anweisung_1 ausgeführt, andernfalls Anweisung_2. Der *else*-Zweig ist optional und kann daher auch weggelassen werden.

```
if (x == 0)
    x = 3;

if (y >= 5)
    y = 3 * y;      // Beachte: Eine einfache Anweisung besteht
                    // aus einem Ausdruck, gefolgt von einem
                    // Semikolon
else
    y = 0;
```

Da der *else*-Zweig optional ist, muß festgelegt werden, auf welches *if* sich ein *else* bezieht. Es gilt, daß sich das *else* immer auf das direkt davor liegende *if* bezieht, welches noch nicht mit einem *else* "in Verbindung steht". Also z.B.

```
if (n > 0)
    if (a > b)
        z = a;
    else
        z = b;
```

Die Einrückung macht deutlich, auf welches *if* sich das *else* bezieht. Um zu erreichen, daß sich der *else*-Zweig auf ein anderes *if* bezieht, müssen Klammern verwendet werden.

```
if (n > 0)
  {
    if (a > b)
        z = a;
  }
else
  z = b;
```

Durch die Konstruktion

```
if (Ausdruck_1)
    Anweisung_1
else if (Ausdruck_2)
    Anweisung_2
else if (Ausdruck_3)
    Anweisung_3

    ...

else if (Ausdruck_n)
    Anweisung_n
else Anweisung_n+1
```

läßt sich, gemäß obiger Regeln, eine Fallunterscheidung ausdrücken. Es
wird dabei die Anweisung_i ausgeführt, deren zugehöriger Ausdruck_i als
erster einen Wert ungleich Null liefert (d.h. für alle k < i gilt: Ausdruck_k
ist gleich Null). Sind alle Ausdrücke gleich Null, so wird Anweisung_n+1
ausgeführt. Nach Abarbeitung der entsprechenden Anweisung ist auch
obiges Konstrukt abgearbeitet.

5.2.2   switch

Die *switch*-Anweisung stellt in vielen Fällen eine übersichtlichere
Möglichkeit zur Beschreibung von Fallunterscheidungen dar. *switch* testet,
ob der Wert eines Ausdrucks mit einem Wert aus einer konstanten Menge
von Werten übereinstimmt und verzweigt dann dementsprechend.
Im allgemeinen wird die *switch*-Anweisung wie folgt verwendet:

```
switch (Ausdruck)
  {
    case  Konstante_1:     Anweisung_1      break;
    ...
    case  Konstante_n:     Anweisung_n      break;
    default:               Anweisung_n+1    break;
  }
```

Die Angabe von höchstens einem *default:* ist optional. Die *case*-Fälle können in beliebiger Reihenfolge auftreten, alle Konstanten müssen unterschiedlich sein. Anstelle einer Konstanten darf auch ein konstanter Ausdruck angegeben werden.

Bei obiger *switch*-Anweisung wird der Ausdruck ausgewertet und mit den Konstanten (in der Reihenfolge Konstante_1,...,Konstante_n) verglichen. Wird eine Konstante_i gefunden, die mit dem Wert des Ausdrucks übereinstimmt, so wird die entsprechende Anweisung_i ausgeführt. Wird keine solche Konstante gefunden, wird die *default*-Anweisung_n+1 ausgeführt. Die darauf folgende **break**-Anweisung bewirkt das Verlassen der *switch*-Anweisung.

Beispiele:

```
char ch = '0';
switch (ch)
{
    case '0':     cout << "Null \n"; break;
    case '1':     cout << "Eins \n"; break;
    default:      cout << "ch ungleich Null oder Eins \n"; break;
}
```

Man erhält die Ausgabe: Null

Werden die *break*-Anweisungen nicht angegeben, also

```
char ch = '0';
switch (ch)
{
    case '0':     cout << "Null \n";
    case '1':     cout << "Eins \n";
    default:      cout << "ch ungleich Null oder Eins \n";
}
```

so erhält man die Ausgaben:

```
Null
Eins
ch ungleich Null oder Eins
```

Dies liegt daran, daß *switch* ähnlich einer *goto*-Anweisung operiert und das Schlüsselwort *case* mit einem Label vergleichbar ist. In obigem Fall stimmt der Wert von *ch* mit dem Wert der Konstanten '0' überein, also wird zum "Label" *case '0':* verzweigt. Danach wird die Anweisung *cout << "Null \n";* ausgeführt. Da jetzt die Anweisung *break;* fehlt, wird die nächste Anweisung *cout << "Eins \n";* ausgeführt etc.

5.2.3   while und for

While-Anweisungen sind bereits in einigen Beispielen verwendet worden.
Ihre Syntax ist

> **while** (Ausdruck)
>   Anweisung

Der Ausdruck wird ausgewertet. Ist sein Wert ungleich Null, so wird die
Anweisung ausgeführt. Anschließend wird der Ausdruck erneut
ausgewertet, und dieser Zyklus wiederholt sich solange, bis die
Auswertung des Ausdruck einen Wert gleich Null (false) liefert.

Die Syntax der *for*-Anweisung ist

> **for** (Anweisung_1 Ausdruck_1 ; Ausdruck_2)
>   Anweisung_2

Diese Anweisung ist äquivalent zur Anweisungsfolge

```
Anweisung_1
while (Ausdruck_1)
{
   Anweisung_2
   Ausdruck_2 ;
}
```

bis auf die Tatsache, daß bei einer **continue**-Anweisung (s.u.) in
Anweisung_2 noch Ausdruck_2; ausgeführt wird, bevor Ausdruck_1 erneut
ausgewertet wird. Die Ausdrücke 1 und 2 sind optional und können daher
auch weggelassen werden. Das Semikolon darf dagegen nicht ausgelassen
werden. Wird Ausdruck_1 weggelassen, so wird die Schleifenbedingung als
permanent wahr festgelegt.

Beispiel:

```
for (;;)        // Endlosschleife
   Anweisung
```

ist äquivalent zu

```
;               // leere Anweisung
while (1)
{
   Anweisung
   ;           // leere Anweisung
}
```

Der Vorteil der *for*-Anweisung gegenüber der *while*-Anweisung ist, daß
sich hier die gesamte Information zur Schleifensteuerung an einer Stelle
befindet.

Vorsicht: Enthält Anweisung_1 eine Definition, so ist der entsprechende Identifier in dem Block
gültig, in dem sich die *for*-Schleife befindet, und nicht nur für Anweisung_2.

5.2.4   do-while

Die *do-while*-Anweisung garantiert die mindestens einmalige Ausführung
der Anweisung.

```
do
   Anweisung
while (Ausdruck);
```

ist äquivalent zu

```
Anweisung
while (Ausdruck)
   Anweisung
```

5.2.5   break

Die *break*-Anweisung veranlaßt ein sofortiges Beenden der Anweisungen
while, *for*, *do-while* und *switch*. Es wird hierbei die innerste ein-
schließende Schleife oder *switch*-Anweisung sofort verlassen.

Beispiel:

```
for (i = 0; i < N; i++)
{
   if (a[i] < 0)
   {
      cout << "Fehler \n";
      break;
   }
   .....            // weitere Anweisungen
}
```

Ist ein Element des Vektors *a* negativ, so wird die *for*-Schleife verlassen.

Die Verwendung von *break* erleichtert es oft, komplexe Schleifen zu beenden. Dadurch erhöht sich die Übersichtlichkeit des Programms.

Bemerkung: Andere Möglichkeiten zur Unterbrechung, insbesondere zur Behandlung von Fehlern, bieten die Befehle *exit* und *abort*. Beide Befehle bewirken das Beenden des Programms allerdings mit gewissen Unterschieden.

```
void  exit(int);
/ *     exit bewirkt das Verlassen des gesamten Programms
        mit  dem  angegebenen  Integerwert  als  Ergebnis.
        Üblicherweise  kennzeichnet  der  Wert  0  das  normale
        Terminieren  des  Programms  und  ein  Wert  ungleich  0
        ein  anormales  Ende.  Vor  dem  tatsächlichen  Beenden
        des  Programms  wird  noch  der  Ausgabestrom  gelöscht
        und  geöffnete  Dateien  geschlossen.  Ferner  werden  für
        alle  Klassenobjekte  die  Destruktoren  (vgl.  später),
        soweit  vorhanden,  aufgerufen.  Das  Aufrufen  von  exit in
        einem  Destruktor  kann  somit  zu  einer  Endlosschleife
        führen.  */


int  abort(...);
/ *     abort bewirkt  ebenfalls  das  Beenden  des  gesamten
        Programms,  wobei  das  Ergebnis  von  abort, analog  zu
        exit,  zur  Kennzeichnung  der  normalen  Terminierung
        bzw.  eines  anormalen  Endes  verwendet  wird.  Im
        Gegensatz  zu  exit wird  das  Programm  sofort,  d.h.  ohne
        Schließen  noch  geöffneter  Files  und  Aufrufen  von
        Klassendestruktoren etc., beendet.  */
```


5.2.6   continue

Die *continue*-Anweisung wird nur selten verwendet. Sie veranlaßt den sofortigen Beginn der nächsten Schleifeniteration der innersten einschließenden *for-*, *while-* oder *do-while*-Schleife.

Beispiel:

```
for (i = 0; i < N; i++)
{
    if (a[i] < 0)
        continue;        // überspringe negative Elemente
        .....            // bearbeite positive Elemente
}
```

Die *continue*-Anweisung wird z.B. dann verwendet, wenn der restliche Teil der Schleife so kompliziert ist, daß ein zusätzlicher Test und Einrücken der Zeilen das Programm noch unübersichtlicher machen würden.

5.2.7   gotos und labels

Wie die meisten Programmiersprachen bietet auch C++ die Anweisung *goto* an. Diese Anweisung ist für höhere Programmiersprachen unnötig und sollte nur in Ausnahmefällen benutzt werden. Die Verwendung von *gotos* erschwert nur das Verständnis für den Programmablauf und macht das Verifizieren von Programmen praktisch unmöglich. Die Syntax der *goto*-Anweisung lautet

goto Identifier;

Dieser Befehl veranlaßt, daß das Programm an der durch *Identifier* gekennzeichneten Stelle (Label) fortgesetzt wird.

```
            Identifier:  Anweisung
Also z.B.
            if (a > 0)
               goto end;
            ...
  end:      cout << "Ende \n";
```

Ein Ausnahmefall, wo die Verwendung von *goto*-Anweisungen sinnvoll sein kann, ist z.B. das Herausspringen aus einer tief verschachtelten Struktur, da hier die *break*-Anweisung nicht mehr ausreicht und zu viele Abfragen das Programm unübersichtlich machen würden.

```
            for (...)
               for (...)
                  for (...)
                     ...
                     if (disaster)
                         goto error;

  error:        ...                  // Fehler-Behandlung
```

Die Syntax aller in Kapitel 5 angesprochenen Anweisungen ist nochmals in tabellarischer Form im Anhang verzeichnet.

6 FUNKTIONEN

Funktionen werden eingesetzt, um Programme in leichter verständliche Teile zu zergliedern. Sie stellen ein wesentliches Instrumentarium dar, um große Probleme in den Griff zu bekommen.

Für die Verwendung von Funktionen ist deren konkrete Implementation im allgemeinen unwichtig. So lassen sich z.B. Ein- und Ausgabefunktionen aus der Standardbibliothek nutzen, ohne daß deren Implementation bekannt sein muß. Es muß nur bekannt sein

- der Name der Funktion,
- die formalen Parameter (Anzahl, Reihenfolge, Typ),
- der Ergebnistyp und
- eine evtl. informelle Beschreibung über das, was die Funktion leistet.

6.1 Definition einer Funktion

Eine Funktion wird wie folgt definiert

```
<Ergebnistyp> <Name der Funktion> (<Typ_1> <Parameter_1>, ...,
                                   <Typ_n> <Parameter_n>)
{
    Anweisungsfolge
}
```

Die Parameter 1 bis n sind innerhalb des Funktionsrumpfes gültig.

Beispiel:

```
            int fac(int n)
            {
               if (n > 1)
                  return n * fac(n - 1);
               else
                  return 1;
            }
```

Wird kein Ergebnistyp angegeben, so wird int als Ergebnistyp angenommen. Ferner kann die Liste der Parameter leer sein, und auch die Anweisungsfolge im Funktionsrumpf darf ausgelassen werden. Eine minimale Funktion ist daher z.B.

```
dummy() { }
```

die nichts leistet.

Anmerkung: In C++ bedeutet obige Definition, daß *dummy* ohne Parameter aufgerufen werden muß. In C dürfte *dummy* mit einer bel. Anzahl von Argumenten bel. Typs aufgerufen werden.

In einer Funktionsdefinition darf keine Funktion definiert werden. Somit besteht jedes C++-Programm aus einer Ansammlung von Funktionen. Ein Ineinanderschachteln von Definitionen von Funktionen ist nicht zulässig.

Weiteres Beispiel:

```
void swap(int* p, int* q)
{
    int   t    = *p;
          *p   = *q;
          *q   = t;
}
```

vertauscht die Werte der Integerzahlen auf die *p* und *q* verweisen.

6.2 Parameterübergabe

Wenn eine Funktion aufgerufen wird, wird für jeden formalen Parameter Speicherplatz reserviert und mit den Werten der aktuellen Parameter belegt. Die Reihenfolge der Auswertungen der Parameter ist nicht festgelegt. Beim Aufruf wird der Typ des formalen Parameters mit dem Typ des Werts des aktuellen Parameters verglichen und ggf. eine Typkonvertierung vorgenommen.

```
void f(int i)
{
    cout << "i: " << i;
}
...
double r = 4.5;
f(r * 0.4);
```

erzeugt die Ausgabe   i: 1.

C++ bietet die Parameterübergabemechanismen *call by value* und *call by reference* an.

6.2.1   call by value

Wie bereits angesprochen, sind die formalen Parameter der Funktion innerhalb des Funktionsrumpfes gültig. Die Werte der aktuellen Parameter werden bei Aufruf der Funktion in den entsprechenden Speicherbereich abgelegt, die mit den Namen der formalen Parameter assoziiert sind. Die Werte der aktuellen Parameter ändern sich bei Abarbeitung der Funktion nicht.

```
void f(int i)
{
   i++;
   cout << "i in der Funktion f: " << i << "\n";
}
...
int i = 1;
f(i);
cout << "i: " << i << "\n";
```

erzeugt die Ausgaben

```
i in der Funktion f: 2
i: 1
```

6.2.2   call by reference

Übergibt man eine Referenz auf ein Objekt, so kann die Funktion die Werte der aktuellen Parameter verändern und erzeugt so einen Seiteneffekt. Bei Übergabe einer Referenz wird also mit dem durch die Referenz bestimmten Objekt gearbeitet. Dies erklärt auch die Funktionsweise der Funktion *swap* aus Kapitel 6.1.

Ferner kann ein formaler Parameter der Funktion als Referenz definiert werden. Der Name des formalen Parameters ist dann ein anderer Name für das Objekt, das durch den aktuellen Parameter bestimmt wird.

```
void f(int val, int& ref)   // call by value, call by reference
{
    val++;       // Übergeben mittels call by value
    ref++;       // Übergeben mittels call by reference
}
```

Die Anweisung *val++;* inkrementiert die lokale Kopie des ersten aktuellen Parameters, wohingegen durch die Anweisung *ref++;* der zweite aktuelle Parameter inkrementiert wird.

```
int i = 1;
int j = 1;

f(i,j);          // i = 1, j = 2
cout << "i: " << i << " , j: " << j;
```

erzeugt die Ausgabe   i: 1 , j: 2

6.2.3   Vektoren als Parameter

Vektoren stellen eine Ausnahme bei der Parameterübergabe dar. Wie bereits in Kapitel 4.1.2.3 angesprochen, ist ein Vektor nichts anderes als ein konstanter Pointer auf den Anfang des Vektors. Wird nun ein Vektor als Parameter einer Funktion verwendet (oder als Ergebnis vgl. Kap. 6.3), so wird nur die Adresse auf den Anfang des Vektors übergeben. Mit anderen Worten, ein Parameter vom Typ T[ ] wird in den Typ T* konvertiert, falls er Parameter eines Funktionsaufrufs ist. Dies hat zur Folge, daß die Funktion auf dem aktuellen Parameter arbeitet und diesen somit verändern kann.

Für die Parameterübergabe von Vektoren sollte man sich daher folgendes merken:

Vektoren werden in C++ immer mit call by reference übergeben!

Beispiele:

```
void  print_m3(int*  m)
// äquivalent zu void print_m3(int m[ ]), vgl. Kap. 4.1.2.3
{
    for (int i = 0 ; i < 3 ; i++)
        cout << " " << m[i];          // äquivalent zu *(m + i)
    cout << "\n";
}
```

```cpp
void  print_m34(int  m[3][4])
{
   for (int i = 0 ; i < 3 ; i++)
   {
      for (int j = 0 ; j < 4 ; j++)
         cout << " " << m[i][j];
      cout << "\n";
   }
}
```

Da nur ein Pointer übergeben wird, ist es auch möglich, Funktionen zu
schreiben, die mit Vektoren beliebiger Dimension arbeiten können.

```cpp
void  print_m(int  m[ ], int  dim)
{
   for(int i = 0; i < dim; i++)
      cout << " " << m[i];
   cout << "\n";
}
```

6.3 Ergebnisrückgabe

Funktionen können, wenn sie nicht mit Ergebnistyp void definiert sind,
einen Wert vom angegebenen Typ als Ergebnis liefern. So lieferte unsere
Fakultätsfunktion *fac* (s. Kap. 6.1) als Ergebnis einen Integerwert. Der
Ergebniswert einer Funktion wird durch die **return**-Anweisung bestimmt.
return veranlaßt das Beenden der Funktion mit dem angegebenen Wert als
Ergebnis. In einer Funktion kann die *return*-Anweisung an mehreren Stellen
stehen, wie z.B. in der Funktion *fac*.

Die Syntax für die Ergebnisrückgabe sieht wie folgt aus

return Ausdruck ;

Ist der Wert des zurückzugebenden Ausdrucks von einem anderen Typ als
der Ergebnistyp der Funktion, so wird, falls möglich, eine
Typkonvertierung vorgenommen.

```cpp
double  f()
{
   ...
   return 1;   // wird implizit zu 1.0 konvertiert
}
```

Da bei jedem Aufruf einer Funktion dynamisch neuer Speicherplatz für die
formalen Parameter und die lokalen Variablen der Funktion belegt wird und
dieser nach ihrer Abarbeitung wieder freigegeben wird, sollte man nicht
Adressen lokaler Variablen als Ergebnis zurückgeben.

```
int*  f()
{
    int local = 1;
    ...
    return &local;                          // Verboten!
}
```

Wenn nun lokale Objekte der Funktion nach ihrer Abarbeitung nicht mehr
verwendet werden dürfen, stellt sich die Frage, wie man z.B. Vektoren als
Ergebnis erhalten kann, da bei Ergebnisrückgabe nur ein Pointer übergeben
werden darf.

Bemerkung: Es ist nicht erlaubt, Funktionen mit Ergebnistyp T[ ] zu deklarieren bzw. zu
definieren.

```
int*  add_vectors(int  v1[4],  int  v2[4])
{
    int  result_vector[4];
    for (int i = 0; i < 4; i++)
        result_vector[i]  =  v1[i]  +  v2[i];
    return  result_vector;                  // Verboten!
}
```

Die Verwendung von *add_vectors* ist so nicht möglich, z.B.

```
int*  pv;
pv  =  add_vectors(vector_1,vector_2);
```

da bei weiterer dynamischer Vergabe des Speicherplatzes der Speicherbereich auf den *pv* verweist überschrieben werden kann.

Um diese Probleme zu vermeiden, benötigt man Operatoren, mit denen der
Freispeicher explizit manipuliert werden kann. C++ bietet hierfür die
Operatoren **new** und **delete** an. Durch

```
new <Typname>
```

wird ein Objekt vom angegebenen Typ kreiert. Das Ergebnis von *new* ist ein
Pointer auf das kreierte Objekt. Ein durch *new* kreiertes Objekt existiert
solange, bis es explizit durch *delete* gelöscht wird. Damit wird verhindert,
daß der bei einer Definition reservierte Speicherplatz nach Verlassen des
entsprechenden Blockes freigegeben wird.

Bemerkung: Die Deklaration von *new* und *delete* sieht folgendermaßen aus:

```
void*      operator  new(long);
void       operator  delete(void*);
```

Wird *new* aufgerufen und steht nicht mehr genügend Speicherplatz zur Verfügung, so wird üblicherweise NIL (also der Wert 0) zurückgegeben. Dies läßt sich abändern, da bei jedem Fehler in *new* ein sog. handler aufgerufen wird. Mittels der Funktion *set_new_handler* kann eine Funktion angegeben werden, die aufgerufen wird, wenn der Aufruf von *new* zu einem Fehler führt, da z.B. nicht mehr genügend Speicherplatz zur Verfügung steht. Die Funktion *set_new_handler* erhält als Argument einen Pointer auf die entsprechende Funktion (vgl. Kap. 6.4.2).

Beispiel:

```
void speicherplatzmangel()
{
    cerr << "Kein Speicherplatz mehr zur Verfügung!\n";
    cerr << "Operation new konnte nicht durchgeführt werden \n";
    exit(1);
}

typedef void (*PF)(); // Typ "Zeiger auf Funktion"

extern PF set_new_handler(PF);
// Deklaration von set_new_handler

main()
{
    set_new_handler(&speichplatzmangel);
    / *    Übergabe  der  Adresse  der  Funktion  speicherplatz-
           mangel. Diese  wird  immer  dann  aufgerufen,  wenn
           der Aufruf von new zu einem Fehler führt. */
    .......
}
```

Die Funktion *add_vectors* kann wie gewünscht benutzt werden, wenn wir sie wie folgt definieren.

```
int* add_vectors(int v1[4], int v2[4])
{
    int* result_vector = new int[4];
            // result_vector verweist auf den festgelegten
            // Speicherbereich. Der Speicherbereich bleibt
            // solange reserviert, bis er explizit mittels
            // delete freigegeben wird.
            // int[4] ist ein abstrakter Typname. Solche
            // abstrakten Typnamen werden z.B. als Parameter
            // für new oder sizeof verwendet.
    for (int i = 0; i < 4; i++)
        result_vector[i] = v1[i] + v2[i];
    return result_vector;                        // jetzt OK!
}
```

```
int* pv;
pv = add_vectors(vector_1,vector_2);        // OK
...
delete pv;               // Freigabe des Speicherplatzes
```

Der durch *new* reservierte Speicherbereich wird auch dann nicht freigegeben, wenn er nicht mehr zugreifbar ist, da kein Pointer auf ihn zeigt. Es wird also kein sog. *garbage collection* durchgeführt.

```
int* pv;
pv = add_vectors(vector_1,vector_2);
pv = add_vectors(vector_3,vector_4);
    // Der Speicherbereich, der beim Aufruf
    // add_vectors(vector_1,vector_2) reserviert wurde,
    // wird nicht freigegeben, obwohl kein Pointer mehr auf
    // ihn zeigt. Der Freispeicher enthält irgendwo "Müll".
```

Man sollte daher Objekte, die nicht mehr benötigt werden, immer durch *delete* löschen, um so unnötige Speicherbelegungen zu vermeiden.

6.4 Weitere Parameterübergabemöglichkeiten

6.4.1 Default Argumente

Eine Funktion benötigt manchmal zur Behandlung allgemeiner Fälle mehr Parameter, als für den üblichen Gebrauch. Betrachten wir z.B. die Funktion *hex*, welche in stream.h deklariert ist. *hex* übergibt einen String, der die hexadezimale Darstellung der angegebenen Integerzahl enthält. *hex* besitzt zwei formale Parameter:

- die umzuwandelnde Integerzahl,
- die maximal erlaubte Länge des Strings.

Ist die erlaubte Länge zu klein, so wird der Anfang abgeschnitten. Ist die Länge zu groß, wird der Anfang mit Leerzeichen (blanks) aufgefüllt. Übergibt man als Länge Null, so wird die passende Länge zur Darstellung des Strings gewählt. In den meisten Fällen wird man also hex(i,0) aufrufen. Die Angabe der Null läßt sich jedoch vermeiden, wenn man als voreingestellten Wert (Default-Wert) für die Länge die Null vereinbart. Dies sieht folgendermaßen aus:

```
extern char* hex(long, int = 0);
```

Man beachte, daß dies eine Funktionsdeklaration ist, daher ist es auch nicht nötig die Namen der formalen Parameter anzugeben. *Extern* kennzeichnet, daß die Funktion extern, d.h. in einer anderen Datei definiert ist. Damit entspricht der Aufruf hex(31) dem Aufruf hex(31,0).

Default Argumente dürfen nur am Ende der Parameterliste auftreten. Also

```
int f(int, int = 0, char* = 0);          // OK
int f(int = 0, int = 0, char*);          // Fehler
```

Man beachte das Leerzeichen (blank) zwischen *char** und *= 0*. Bei der Schreibweise *char*= 0* würde **=* als Zuweisungsoperator angesehen werden.

6.4.2   Funktionen als Parameter

Mit einer Funktion lassen sich in C++ grundsätzlich zwei Dinge tun,

- Aufruf der Funktion,
- Ermittlung der Adresse der Funktion.

Eine Funktion kann auch aktueller Parameter einer Funktion sein. Hierzu übergibt man einen Pointer auf die Adresse der zu übergebenden Funktion.

Die Adresse einer Funktion erhält man durch den Adressoperator &.

```
void error(char* p)
{
    ...
    /* Fehler-Behandlung */
}

void (*pe)(char*);      // Zeiger auf eine Funktion mit
                        // Parametertyp char* und Ergebnistyp
                        // void

main()
{
    pe = &error;                    //   pe zeigt auf die
                                    // / / Funktion  error
    (*pe)("Fehler ist aufgetreten");    //   Aufruf der Funktion
}
```

Da der "Funktionsaufrufoperator" () höhere Priorität als der Dereferenzierungsoperator * hat, muß *pe in Klammern stehen. *pe("Fehler..."); wird
dagegen interpretiert als *(pe("Fehler...")); was zu einem Fehler führt.

Bemerkung: Eine weitere Möglichkeit der Parameterübergabe soll hier nur am Rande erwähnt
werden, da C++ durch Default-Argumente und Overloading (s.u.) diese Möglichkeit
weitestgehend überflüssig macht. In einer Funktionsdefinition/deklaration läßt sich durch
Angabe der **Ellipse ...** eine unspezifizierte Anzahl von Parametern angeben.

Beispiel:

```
int printf(char* ...);      // Deklaration von printf
printf("Reine Stringausgabe\n");
printf("Ausgabe der Integerzahl %d \n",4711);
```

Die Funktion *printf* kann mit einer beliebigen Anzahl von Argumenten aufgerufen werden, wobei
das erste Argument vom Typ char* sein muß. Wie der Aufruf abgearbeitet wird, liegt in der
Verantwortung der Funktion.

Bei solchen Funktionen ist der Compiler natürlich nicht mehr in der Lage, eine Typüberprüfung
von aktuellen und formalen Parametern durchzuführen, so daß die korrekte Behandlung eines
Aufrufs auch in dieser Hinsicht in den Verantwortungsbereich des Programmierers fällt.

6.5 Overloading

In der Regel gibt man verschiedenen Funktionen verschiedene Namen. Wenn
aber Funktionen die gleichen Aufgaben auf Objekten unterschiedlichen Typs
verrichten, kann es sinnvoll sein, diese Funktionen mit gleichen Namen zu
versehen. Hierdurch wird insbesondere der objektorientierte Programmierstil unterstützt.

Das Verwenden gleicher Namen für Operationen auf verschiedenen Typen
wird *overloading* genannt. Diese Technik ist uns bereits implizit bekannt.
So ist der Operator + sowohl für Integer-Werte und Double-Werte wie auch
für Pointer definiert. Um *overloading* in unseren Programmen verwenden zu
können, existiert das Schlüsselwort **overload**. Durch Angabe von

overload name ;

wird dem Compiler die Information gegeben, welcher Name mehrfach zur
Benennung von Funktionen verwendet wird. Andernfalls würde der Compiler
eine Fehlermeldung ausgeben, da im Normalfall nicht ein Name für mehrere
Funktionen verwendet werden darf.

Beispiel:

```
            overload  print;

            void  print(int  i)
            {
               cout << i << "\n";
            }

            void  print(char*  ch)
            {
               for (int i = 0; ch[i] != '\0'; i++)
                  cout << chr(ch[i]) << " ";
                  /*  chr wandelt die Integerzahl ch[i] in die
                      entsprechende Charakterdarstellung um. Diese
                      Funktion befindet sich in stream.h.
                  */
               cout << "\n";
            }
```

Bei Aufruf der Funktion *print* wird durch Typvergleich des aktuellen Parameters mit dem formalen Parameter die entsprechende Funktion ausgewählt. Sind alle Typen der formalen Parameter ungleich dem Typ des aktuellen Parameters, so wird versucht, durch Typkonvertierung die zugehörige Funktion zu bestimmen. Der Aufruf *print(2.1)* ergibt z.B. die Ausgabe 2, da double nach int konvertiert wird.

6.6 Die Funktion main und Hinweise zur Programmstruktur

Ein C++ Programm besteht typischerweise aus einer Ansammlung von Funktionen. Zur korrekten Ausführung ist es notwendig, daß eine dieser Funktionen **main** heißt, denn der Aufruf des Programms bewirkt nur den Aufruf der Funktion *main*. Durch Abarbeiten der Funktion *main* kann es dann zum Aufruf anderer Funktionen des Programms kommen.

Beachte: Funktionsdefinitionen dürfen nicht ineinandergeschachtelt werden.

Die Tatsache, daß *main* eine Funktion ist, erklärt auch, warum C++- bzw. C-Programme mit Parametern aufgerufen werden können, z.B. *cat* zur Konkatenation zweier Files (vgl. auch Kap. 11.3).

6.6.1   Programmstruktur

Ein großes C++-Programm besteht im allgemeinen aus mehreren Quellcode-Dateien. In diesen Dateien sind jeweils eine Ansammlung von Funktionen enthalten. In einer Datei befindet sich die Funktion *main*. Das Auftrennen des Programms in mehrere Einzelteile bietet den Vorteil, daß diese Teile separat übersetzt werden können. Die übersetzten Programmteile werden beim Linken zu einem lauffähigen Programm zusammengesetzt. So läßt sich häufig viel Rechenzeit einsparen, da für kleine Programmänderungen nicht mehr das gesamte Programm neu übersetzt werden muß. Wie dies bewerkstelligt wird, soll an einem kleinen Beispiel erläutert werden.

Unser Programm soll einen String ausgeben. Die Funktion zur Stringausgabe soll dabei in einer anderen Datei stehen als das Hauptprogramm. Die Funktion *string_output* sieht wie folgt aus.

stringout.c:

```
#include <stream.h>

void  string_output()
{
    cout << text << "\n";
}
```

wobei *text* eine globale Variable vom Typ char* ist. Obige Funktion sei in der Datei *stringout.c* abgespeichert. Unser Hauptprogramm ist

hallo.c:

```
char* text = "Hallo";
main()
{
    string_output();
}
```

und befindet sich in der Datei *hallo.c*.

Um die Dateien getrennt übersetzen zu können, fehlen dem Compiler allerdings noch einige Angaben. Zur Übersetzung von *hallo.c*, also dem Hauptprogramm, müßte dem Compiler die Information gegeben werden, daß die Funktion *string_output* irgendwo anders definiert ist und deren Definition nicht aus Versehen vergessen wurde. Dies geschieht durch die Angabe des Schlüsselwortes **extern**. Somit ließe sich hallo.c:

```
extern void string_output();
/ *  Deklaration, keine Definition!
     Hinweis für den Compiler, daß extern eine Funktion
     string_output definiert ist. Hierbei müssen der
     Ergebnistyp und die Typen der  Parameter angegeben
     werden. */
char* text = "Hallo";
main()
{
    string_output();
}
```

bereits übersetzen. Analog muß in *stringout.c* angegeben werden, daß die globale Variable *text* an anderer Stelle definiert ist.

stringout.c:

```
#include <stream.h>

extern char* text;
void string_output()
{
    cout << text << "\n";
}
```

Um eine übersichtlichere Struktur zu erhalten und Fehler zu vermeiden, sollte man alle externen Deklarationen an einer Stelle, d.h. in einer Datei ablegen. Diese Datei kann in alle anderen Dateien eingefügt werden. Also werden in unserem Beispiel die externen Deklarationen in einer Datei namens *header.h* eingetragen.

header.h:

```
extern char* text;
extern void string_output();
```

Die anderen Dateien sehen dann so aus:

hallo.c:

```
#include "header.h"
/ *  die Hochkommata geben an, daß die Datei (hier:
    header.h) nicht unter dem üblichen Directory
    /usr/include/CC steht, sondern unter dem Directory,
    unter dem das Programm aufgerufen wird. bzw. der
    durch den angegebenen Namen spezifiziert wird (z.B.
    voller Pfadname).  */
char* text = "Hallo";
main()
{
   string_output();
}
```

stringout.c:

```
#include <stream.h>
#include "header.h"

void  string_output()
{
   cout << text << "\n";
}
```

Externe Deklarationen dürfen auch in den Dateien auftreten, in denen die
entsprechenden Objekte definiert werden, wie z.B. *text* in *hallo.c.* Daher
genügt es meistens, ein einziges "Header"-File anzulegen, in dem alle
externen Deklarationen aufgeführt sind. Als extern lassen sich alle
Funktionen und globalen Variablen eines Files deklarieren, sofern sie nicht
als *static* definiert sind. Header-Files bieten eine einfache Möglichkeit,
Fehler zu vermeiden, da hierdurch die Typangaben in allen Deklarationen
für ein Objekt identisch bleiben (meist gibt es nur eine Deklaration). Bei
der ersten Methode (ohne Header-Files) hätte man z.B. *text* in *hallo.c* als
int und in *stringout.c* als *char** deklarieren können. Da einige Linker in den
50er Jahren entwickelt wurden, prüfen diese die Typangaben nicht auf
Konsistenz, so daß Fehler erst während der Laufzeit des Programmes
auftreten und dann manchmal nur schwer zu lokalisieren sind. Das
Übersetzen der oben angelegten Files wird im allgemeinen so durchgeführt:

```
CC -c hallo.c stringout.c
```

Dies bewirkt das Anlegen der Dateien *hallo.o* und *stringout.o.* Eine Änderung
z.B. in der Datei *hallo.c* erfordert dann nicht mehr das Übersetzen der Datei
stringout.c, sondern nur noch ein erneutes Übersetzen von *hallo.c* mittels

```
CC hallo.c stringout.o
```

7 STRUCTURES

Es ist bereits bekannt, daß ein Vektor eine Zusammenfassung von Elementen desselben Typs ist; eine **Structure** ist nun ein Aggregat von Elementen beliebigen Typs. Eine Structure beschreibt somit eine Kollektion von (einer oder mehreren) Variablen möglicherweise verschiedenen Typs, die zusammengruppiert sind unter einem einzigen Namen (Structures sind in anderen Programmiersprachen, etwa Pascal, besser bekannt als Records). Zum Beispiel definiert

```
struct address
{
  char* name;
  char* street;
  int   number;
  int   plz;
  char* town;      // Postadresse in der BRD
};
```

einen neuen Typ, genannt *address*, der aus Komponenten besteht, die man benötigt, wenn man Post innerhalb der Bundesrepublik Deutschland verschicken will.

Das Schlüsselwort **struct** zeigt den Beginn einer Structure-Deklaration an, gefolgt von einer Liste von Deklarationen in geschweiften Klammern. Wichtig ist das Semikolon am Ende; es ist eine der wenigen Stellen in C++, an der ein Semikolon nach einer geschweiften Klammer notwendig ist.

Die Elemente einer Structure bezeichnet man als **Member**. Jedes Member kann selbst wieder eine Structure sein; so könnte statt *char* name* im obigen Beispiel auch *name full_name* stehen mit :

```
struct name
{
  char* first_name;
  char* second_name;
};
```

Structures erlauben also eine Organisation komplexer Daten in der Art und Weise, daß eine Gruppe zusammengehöriger Variablen als eine Einheit behandelt werden kann.

Variablen des Typs *address* können nun genauso deklariert werden wie andere Variablen, und auf die individuellen Member kann mittels des **Punktoperators** . zugegriffen werden :

```
        address address1;                    // Definition
        address1.name    = "Werner Schulz";  // Zugriff auf Member
        address1.number  = 177;
```

oder im erweiterten Beispiel :

```
        address address2;
        address2.full_name.first_name = "Werner";
```

Initialisierung von Structures ist nicht nur möglich über einzelne Zuweisungen, sondern auch explizit über :

```
        address address3 =
        {"Werner Schulz", "C++-Straße", 177, 4600, "Dortmund"};
```

Man kann nun Zeiger auf Structure-Objekte definieren, Structure-Elementen Werte zuweisen, sie als Funktionsargumente verwenden oder als Ergebnis einer Funktion zurückgeben. Andere plausible Operationen aber, wie etwa der Test auf Gleichheit (== und !=) zweier solcher Objekte, sind nicht vordefiniert und führen zu Fehlern. Solche Operationen müssen selbst implementiert werden, wobei man mit Hilfe des Prinzips des Operator-Overloading (auf welches wir später noch eingehen werden) sogar die üblichen Operatorzeichen (also == und !=) verwenden kann.

Da der Name des Typs bereits nach der Benennung verfügbar ist (und nicht erst nach der kompletten Definition), können mit Hilfe von Structures verkettete Listen aufgebaut werden :

```
        struct  my_link
        {
          my_link*  previous;
          my_link*  successor;
        };
```

Es ist allerdings nicht möglich, neue Objekte einer Structure zu deklarieren, bevor die komplette Definition beendet ist :

```
        struct bad {bad member;};   // Fehler
```

wäre also ein Fehler, da der Compiler die Größe von *bad* nicht bestimmen kann.

Verwendet man Zeiger auf Structures wie etwa *address* *p*, so erfolgt der Zugriff auf Member über den **Pfeiloperator ->** .

Beispiele :

```
address* p;
char* city = "Hamburg";
if (!strcmp(p->town, city)) cout << "Wrong address";

// strcmp überprüft zwei Strings auf Gleichheit

void print_address(address* p);
{
    cout << p->name << " "<< p->street   << " " << p -> number
        << p->plz    << " "<< p->town     << "\n";
}
```

Benannte Objekte sind entweder statisch oder dynamisch. Ein statisches Objekt wird beim Programmstart angelegt und existiert während der gesamten Laufzeit des Programms; ein dynamisches Objekt wird angelegt, sobald es definiert wird, und wird beim Verlassen des Blocks, in welchem es definiert wurde, automatisch wieder gelöscht. Häufig ist es jedoch notwendig, neue Objekte zu kreieren, die so lange existieren, bis sie explizit wieder gelöscht werden, d.h. Objekte, die nicht unbedingt das ganze Programm über existieren, aber auch beispielsweise über Funktionsaufrufe, etc. hinaus vorhanden sein sollen. Solche Objekte werden mit Hilfe der Schlüsselworte **new** erzeugt und mittels **delete** gelöscht, und man sagt, das von *new* erzeugte Objekt liegt auf dem Freispeicher. Typischerweise handelt es sich bei solchen Objekten um Knoten in einem Baum oder um Elemente in verketteten Listen. "Garbage collection" wird nicht vollzogen, d.h. noch existierende, aber nicht mehr referenzierte Objekte werden nicht automatisch erkannt und gelöscht, um ihren Speicherplatz für neue Aufrufe von *new* zur Verfügung zu stellen; sie müssen explizit gelöscht werden. Aus diesem Grund sollte man in größeren Programmen behutsam mit *new* umgehen, um nicht in die Gefahr eines Speicherengpasses zu gelangen. *Delete* darf aber nur auf Zeiger angewendet werden, die durch *new* erzeugt wurden. Als Beispiel würde mittels

```
my_link* link = new my_link;
```

ein Objekt vom Typ *my_link* erzeugt, welches mit

```
delete link;
```

explizit wieder gelöscht werden kann.

Structures sind im Vergleich zu C nichts Neues. Wie jedoch im folgenden noch zu sehen sein wird, sind sie im Prinzip degenerierte Spezialfälle des im Vergleich zu C völlig neuen Konzepts der Klassen.

8 KLASSEN

8.1 Motivation für das Klassenkonzept

Klassen ist eines der Konzepte, die über den Sprachumfang von C hinausgehen und daher eigentlich das Besondere an C++ darstellen. Um die Einführung dieses bzgl. C neuen Konzepts besser zu verstehen, zunächst ein paar Worte zur Motivation :

Mit der Definition einer Structure hat man sich einen neuen Typ geschaffen. Warum ist es überhaupt notwendig, neue Typen zu definieren? Reichen die fundamentalen Typen nicht aus? Nun, der Grund ist, daß man eine konkrete und spezifische Definition einer Idee/eines Konzepts haben möchte, die kein direktes und offensichtliches Pendant unter den fundamentalen Typen hat. Der neu definierte Typ stellt eine konkrete Repräsentation einer Idee dar. Ein Programm, welches Typen anbietet, die das Konzept einer Anwendung möglichst genau treffen, ist typischerweise viel leichter zu verstehen und läßt sich leichter modifizieren als "normale" Programme.

Die fundamentale Idee der Definition von Klassen ist das Trennen der Details der eigentlichen Implementation (etwa das Layout der Daten zur Speicherung eines Objekts des Typs) von den essentiellen Eigenschaften für die korrekte Benutzung (etwa eine Liste von Funktionen, die auf die gespeicherten Daten zugreifen). Diese Idee ist bekannt geworden unter dem Schlagwort "Trennung von Angelegenheiten" oder **"Separation of Concerns"**. Solch eine Separierung kann dadurch erreicht werden, daß jede Benutzung interner Datenstrukturen und interner Verwaltungsroutinen nur über spezifische Schnittstellen geschehen kann. Dadurch schafft man sich sogenannte **abstrakte Datentypen**, die wiederrum ihrerseits das Prinzip des **"Information Hiding"**, des "Informationsversteckens", realisieren. Ein Benutzer eines abstrakten Datentyps hat kein Wissen über die interne Struktur eines solchen Objekts dieses Typs und kann nur über vordefinierte Funktionen, die in diesem Objekt realisiert sind, auf die internen Daten zugreifen; er kennt nur die Schnittstelle zu diesem Objekt. Besser ausgedrückt: er braucht nur die Schnittstelle zu kennen, um Objekte dieses Typs verwenden zu können; weitere Kenntnisse sind nicht notwendig, insbesondere nicht, wie die Funktionen intern realisiert sind. Gleichzeitig ist ein Programmierer frei in seiner Entscheidung über die Realisierung bzw. spätere Änderung solcher Funktionen, solange er die Schnittstelle nicht verändert.

Ein erstes Konzept zur Verwirklichung solcher Typen ist die Structure. Structures sind selbstdefinierte Typen, die jedoch das Prinzip des

"Information Hiding" nicht unterstützen, da alle Inhalte von außen zugreifbar sind.

8.2 Motivation für objektorientiertes Programmieren

Aber für die Einführung des Klassenkonzepts gibt es noch eine weitere, tiefgründigere Motivation im Hinblick auf **objektorientiertes Programmieren**. Was dies heißt, soll an einem ausführlichen Beispiel demonstriert werden:

Angenommen, man hat das Konzept einer komplexen Zahl in einer Klasse realisiert, welche Informationen über den Real- und den Imaginärteil beinhaltet, beides rationale Zahlen. Auch rationale Zahlen kann man wieder als Klassen realisieren, die Informationen über den Nenner und den Zähler beinhalten, beides ganze Zahlen. Ganze Zahlen, dargestellt in einer Klasse, enthalten dann letztendlich den Grundtyp *integer*. Man bekommt auf diese Art und Weise eine Hierarchie von Klassen, wobei von jeder Klasse gewisse Objekte erzeugbar sind, und auf denen gewisse Operationen zugelassen werden. Folgende Abbildung veranschaulicht dies :

Typen	**Objekte**	**Operationen**
komplexe Zahl Realteil, Imaginärteil: rationale Zahl	c1, c2	+, -, *, /
rationale Zahl Zähler, Nenner: ganze Zahl	r1, r2	+, -, *, /
ganze Zahl Zahl: *integer*	g1, g2	+, -, *, /

Die vordefinierten Operatoren sind auf selbstdefinierten Objekten, wie
Structures und Klassen, nicht (ohne weiteres) anwendbar. Aus diesem
Grund kann das allgemein übliche +, *, etc. auf den hier definierten
Objekten nicht ausgeführt werden. Abhilfe kann man sich schaffen mit
typabhängigen Funktionen, wie etwa

```
mult_komplex(c1, c2)     { ... };
mult_rational(r1, r2)    { ... };
mult_ganz(g1, g2)        { return g1 * g2; };
```

oder

```
mult(a, b)
{
    if type(a, b) = "komplex"      //   Komplexe Zahl
    then ...;
    else
    if type(a, b) = "rational"     //   Rationale Zahl
    then ...;
    else ...;                      //   Ganze Zahl
}
```

Diese Art der Abhilfe hat aber einen erheblichen Nachteil: bei Einführung
neuer Typen müssen unter Umständen Funktionen geändert werden (bei
mult(a, b) müßte ein neuer Zweig eingeführt werden). Besser ist es, für
jede Klasse eine eigene *mult*-Funktion zu implementieren. Der Compiler
sichert dann, daß die richtige Funktion beim Aufruf ausgewählt wird:

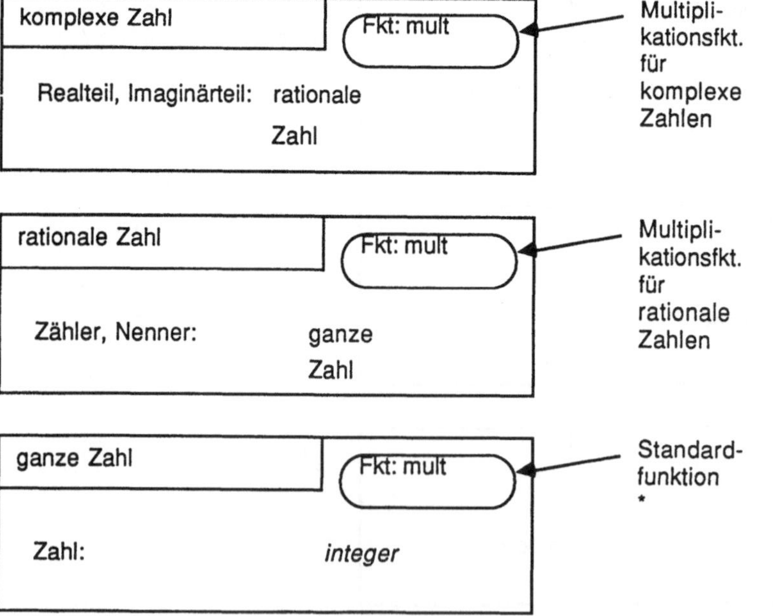

Man beachte, daß alle Funktionen den gleichen Namen besitzen. Es ist einfach ein Aufruf von *mult(x, y)* möglich; der Compiler ruft je nach Typ von *x* und *y* die richtige Funktion auf. Die Einführung neuer Typen/Klassen ist nun problemlos möglich, wie etwa:

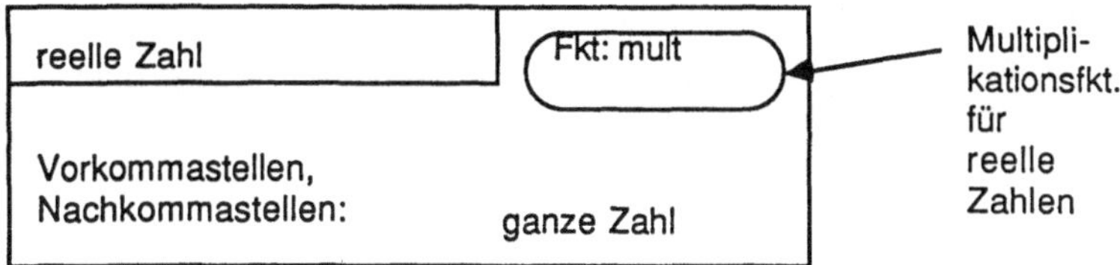

Die anderen mult-Funktionen müssen dabei nicht geändert werden!

Zum endgültig besten Konzept gelangt man nun, wenn man die Funktion *mult* mit dem sonst üblichen Operatorzeichen * identifizieren kann, d.h, allgemein, wenn man es ermöglicht, die gewohnten Operatoren auch auf selbstdefinierte Typen anzuwenden:

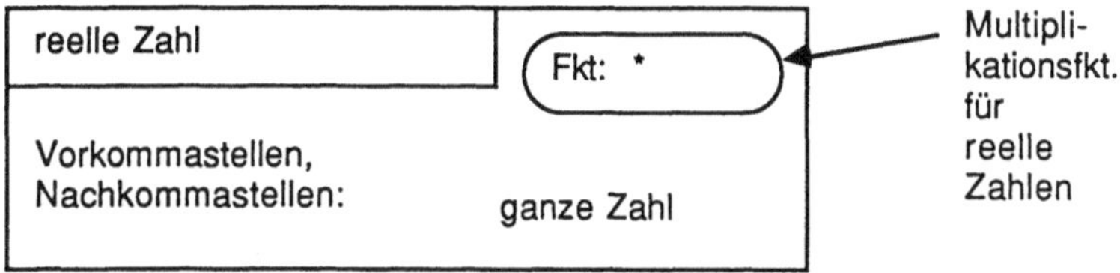

Selbstdefinierte Typen können dann genauso behandelt werden wie vordefinierte. Dies ist möglich mit Hilfe des Konzepts des Operator Overloading, welches in Kapitel 10 vorgestellt wird.

Nach diesen einführenden Bemerkungen zu den Hintergründen und zum Einsatzbereich des Klassenkonzepts werden im folgenden die notwendigen Sprachmittel vorgestellt.

8.3 Sprachkonstrukte für Klassen

Nehmen wir an, wir haben das Konzept eines Datums in einer Structure *date* repräsentiert und dazu eine Menge von Funktionen, die Variablen dieses Typs manipulieren:

```
struct  date {int month, day, year;};
date    today;
void    set_date(date*, int, int, int);
void    next_date(date*);
...
```

Offensichtlich gibt es keine explizite Verbindung zwischen den Funktionen und dem Datentyp. Solch eine Verbindung kann man schaffen, indem man die Funktionen als Member deklariert:

```
struct  date
{
  int    month, day, year;
  void set (int, int, int);
  void next();
  ...
};
```

Funktionen dieser Art werden **Member-Funktionen** genannt, und der Zugriff auf diese Funktionen kann nur über spezifische Variablen des zugehörigen Typs erfolgen, wobei man die Standardsyntax für den Member-Zugriff anwendet:

```
date marriage;

void f()
{
  marriage.set(1, 1, 1900);
  marriage.next();
}
```

Da verschiedene Structures durchaus Member mit gleichem Namen haben können, muß man, um den Gültigkeitsbereich eindeutig festzulegen, den Structure-Namen angeben, wenn man eine Member-Funktion außerhalb der Structure definiert:

```
void date :: next()
{
  if (today > 28) {...};
}
```

mit :: als **Scope**-Operator, der in diesem Fall den Gültigkeitsbereich der Funktion *next* angibt.

Natürlich hätte man die Funktion auch innerhalb der Structure selbst definieren und nicht nur deklarieren können. Dies hat aber den Nachteil, daß bei der Generierung eines jeden solchen Structure-Objekts Platz für die definierte Funktion geschaffen werden muß. Definiert man die Funktion jedoch außerhalb, so existiert jeweils nur ein Verweis auf die außerhalb definierte Funktion, die somit nur einmal existieren muß.

Man erkennt, daß Structures das Konzept der abstrakten Datentypen nicht genau verwirklichen. Auf jeden Member einer Structure kann von außen zugegriffen werden, d.h. insbesondere nicht nur auf Member-Funktionen, sondern auch auf Member-Daten; alle Member einer Structure sind **öffentlich/public.** Verwendet man nun eine explizite Trennung von öffentlichen und privaten Teilen, so erhält man das Konzept der **Klasse**:

```
class date
{
  int month, day, year;
  public :
  void set(int, int, int);
  void next();
  ...
};
```

Das **public**-Label separiert den Klassenrumpf in zwei Teile: Die Namen des ersten, privaten Teils (vor dem *public*-Label) können nur von Member-Funktionen verwendet werden. Der zweite, öffentliche Teil (nach dem *public*-Label) beschreibt die Schnittstelle zu Objekten dieser Klasse. Somit ist eine Structure ein Spezialfall einer Klasse, in der alle Member öffentlich sind, und die Deklaration und Definition von Member-Funktionen geht bei Klassen genauso vor sich wie bei Structures. Bei Klassen allerdings haben Funktionen, welche nicht Member dieser Klasse sind, keinen Zugriff:

```
void back_one_day()
{
  marriage.day--;      // Fehler
}
```

erzeugt einen Fehler, da *back_one_day* nicht als Member-Funktion der Klasse *date* deklariert ist und somit keine Zugriffsrechte besitzt.

Es gibt viele Vorteile, den Zugriff auf interne Datenstrukturen eines Objekts nur über explizit deklarierte Funktionen zuzulassen. Einige sind bereits genannt worden, ein weiterer wird nun ersichtlich: Jeder Fehler der Art, daß beispielsweise *date* einen illegalen Wert annimmt, kann nur durch die Implementation einer Member-Funktion hervorgerufen werden. Dies erleichtert sicherlich das Debugging und das Lokalisieren von Fehlern.

Zu jeder Member-Funktion einer Klasse gibt es implizit (als verstecktes Argument) einen Zeiger, der auf dieses Klassenobjekt zeigt. Zu jedem Objekt einer Klasse *classic* existiert ein Zeiger namens **this**, welcher implizit als

```
classic* this
```

deklariert ist und initial auf das Objekt zeigt, für das eine
Member-Funktion aufgerufen wurde.

Demnach ist

```
class classic
{
  int mem;
  public :
  int out()
  {
     return this -> mem;
  }
};
```

äquivalent zu

```
class classic
{
  int mem;
  public :
  int out()
  {
     return mem;
  }
};
```

Wie ersichtlich, ist die Benutzung von *this* beim Zugriff auf Member
unnötig; der typische Gebrauch von *this* liegt bei der Implementation von
Member-Funktionen, die direkt Zeiger manipulieren, d.h. bei der Verwendung von Listen.

Deklariert werden Klassen genauso wie Structures. Wertzuweisungen
lassen sich jedoch in verschiedener Hinsicht durchführen.

8.4 Initialisierung von Klassen

8.4.1 Konstruktoren

Die Benutzung von eigens dafür deklarierten Funktionen zur Initialisierung von Klassen-Objekten, wie die *set*-Funktion im Datum-Beispiel, ist fehleranfällig und nicht besonders elegant. Besser ist die Verwendung von sogenannten **Konstruktoren**. Dies sind Member-Funktionen, die den gleichen Namen tragen wie die Klasse:

```
class date
{
    ...
    date(int, int, int);
    ...
};
```

Hat eine Klasse einen Konstruktor, werden alle Inkarnationen der Klasse automatisch gemäß den Vorschriften des Konstruktors *initialisiert*. Wenn der Konstruktor Argumente verlangt, müssen diese angegeben werden :

```
date today = date(1, 1, 1988);
date christmas(25, 12, 0); //   abgekürzte Form
date my_marriage;          //   Fehler; Argumente notwendig
```

Konstruktoren sind also Member von Klassen, die allerdings implizit, d.h. ohne ausdrückliche Verwendung des Punktoperators aufgerufen werden.

Es dürfen durchaus mehrere Konstruktoren angeboten werden, die alle den gleichen Namen tragen (ohne Overloading!) und einen unterschiedlichen Satz von Parametern besitzen. Der Compiler sorgt dann für die korrekte Behandlung.

8.4.2 Weitere Möglichkeiten zur Initialisierung

a) Voreingestellte Werte/Defaults:

```
class date
{
  int month, day, year;
  public :
  date(int m = 0, int d = 0, int y = 0);
};

date :: date(int m, int d, int y)
{
  day        = d ? d      : today.day;
  month      = m ? m      : today.month;
  year       = y ? y      : today.year;
  // Gegebenenfalls Initialisierung mit heutigem Datum
}

date today(1, 1, 1988);
date help;
```

help wird ohne Parameter kreiert. Dies bewirkt, daß die voreingestellten Werte genommen werden, in diesem Fall also jeweils 0 für Monat, Tag und Jahr. Die Implementierung des Konstruktors *date* verhindert jedoch die Existenz eines Datums 0.0.0 dadurch, daß in diesem Fall die Werte von *today* genommen werden.

b) Intialisierung durch Zuweisung :

```
date d = today;       /* Bewirkt bitweises Kopieren
                         des Inhalts von today nach d */
```

c) Mittels *new :*

```
date* yesterday = new date(12, 31, 1987);
```

d) als statisches Objekt :

```
static date tomorrow(1, 2, 1988);
```

8.5 Löschen von Klassenobjekten

8.5.1 Destruktoren

Wir haben gesehen, daß es verschiedene Möglichkeiten gibt, Klassenobjekte zu erzeugen: per Zuweisung, per Konstruktor, per *new* und als
statisches Objekt. Unabhängig davon, wie solche Objekte kreiert worden
sind, belegen sie natürlicherweise Speicherplatz. Wie können Klassenobjekte nun wieder gelöscht werden?

Wurde ein Objekt mittels *new* erzeugt, so muß der belegte Speicherplatz
explizit mit Hilfe von *delete* wieder freigegeben werden. Wurde ein
Konstruktor verwendet, so benutzt man für das Freigeben des
Speicherplatzes die inverse Operation, einen **Destruktor**, um ein sauberes
Löschen solcher Objekte zu gewährleisten. Der Name für den Destruktor
einer Klasse *classic* ist **~classic** (das Komplement des Konstruktors). Ein
Destruktor wird ebenso wie ein Konstruktor als Member der Klasse
deklariert. und automatisch aufgerufen.

Dazu als Beispiel eine Klasse, die das Konzept eines Stacks von Charactern
realisiert :

```
class c_stack
{
   int size;
   char* top;
   char* stack;
   public :
   c_stack(int s)                            //    Konstruktor
   {
     top = stack = new char[size=s];
   }

   ~c_stack()                                //    Destruktor
   {
     delete stack;
   }

   void push(char c)     { *top++ = c; }     //    push

   char pop()            { return *--top; }  //    pop
};
```

Hier sind der Konstruktor und der Destruktor mittels *new* und *delete* realisiert worden. Verliert ein Objekt vom Typ *char_stack* seine Gültigkeit, so wird der Destruktor automatisch aufgerufen, d.h. ohne expliziten Aufruf :

```
void not_much()
{
  c_stack  char_stack1(100);
  c_stack  char_stack2(200);
  char_stack1.push('a');
  char_stack2.push(char_stack1.pop());
  char ch = char_stack2.pop();
  cout << chr(ch) << "\n";
}
```

Bei der Benutzung von *not_much* wird der Konstruktor *char_stack* zweimal aufgerufen: einmal für *char_stack1*, um einen Vektor von 100 Zeichen zu erzeugen, und einmal für *char_stack2*, um einen Vektor von 200 Zeichen zu erzeugen. Wird *not_much* verlassen, werden beide Vektoren automatisch wieder gelöscht. Allgemein kann man sagen, daß der Destruktor aufgerufen wird (sofern er implementiert ist), wenn ein Klassenobjekt durch Verlassen eines Blocks seine Gültigkeit verliert.

Man muß bei der Verwendung von Konstruktoren und Destruktoren jedoch vorsichtig sein:

```
void less()
{
  c_stack char_stack1(100);
  c_stack char_stack2 = char_stack1;
                                        // Vorsicht!
  c_stack  char_stack3(100);
  char_stack3 = char_stack2;
}
```

bewirkt folgendes: Der Konstruktor wird zweimal aufgerufen (für *char_stack1* und *char_stack3*), *char_stack2* wird per Zuweisung (also durch bitweises Kopieren) initialisiert. Der Destruktor wird jedoch für *char_stack1*, *char_stack2* und *char_stack3* aufgerufen. In diesem Fall bedeutet dies, daß dreimal *delete* aufgerufen wird, jedoch nur zweimal *new*. Der Effekt der Anwendung von *delete* auf ein Objekt, welches nicht mittels *new* erzeugt wurde, ist jedoch undefiniert, d.h. unvorhersehbare Fehler sind nicht ausgeschlossen. Dies ist nur ein kleines Beispiel für versteckte Probleme bei der Verwendung von Konstruktoren und Destruktoren. Es sind durchaus fatale Fehler möglich.

8.6 Friends

Wir haben zuvor zu motivieren versucht, wie wichtig und nützlich es ist, daß auf die Interna einer Klasse nur über Member-Funktionen einer Klasse zugegriffen werden kann. Dazu folgendes Beispiel:

Nehmen wir an, wir haben zwei Klassen *vector* und *matrix*. Jede von ihnen versteckt ihre interne Repräsentation und bietet einen kompletten Satz von Funktionen zur Manipulation von Objekten des entsprechenden Typs an. Jetzt wollen wir eine Funktion definieren, die eine Matrix mit einem Vektor multipliziert. Der Einfachheit halber nehmen wir an, daß der Vektor aus 4 Elementen (Index 0..3) besteht und die Matrix ihrerseits aus 4 Vektoren (jeweils Index 0..3). Auf Elemente vom Typ Vektor werde mit der Funktion *check* zugegriffen, die den Index überprüft. Liegt der Index *i* im vorgesehenen Bereich, liefert *check* die Adresse der entsprechenden Vektorkomponente *v[i]*, andernfalls erfolgt ein Sprung aus dem Programm mit Fehlermeldung; die Klasse Matrix habe die gleiche Funktion. Gegeben sei folgende Implementation :

```
class vector
{
  float vec[4];
  public :
  float& check (int i);
};

class matrix
{
  float mat[4][4];
  public :
  float& check(int i, int j);
};

float& vector :: check (int i)
{
  if ((0 <= i) && (i <= 3)) return (float&) vec[i];
  else
  {
    cerr << "Index ist nicht im vorgesehenen Bereich\n";
    exit(1);
  }
}

float& matrix :: check (int i, int j)
{ ... }
```

Ein natürlicher Ansatz zur Lösung des Problems ist die Definition einer globalen Funktion *mult* wie folgt:

```
vector mult(matrix& m, vector& v)
{
    vector result;
    for (int i = 0; i < 3; i++)
    {
        result.check(i) = 0;      /* Man beachte: Zuweisung an einen
                                     Funktionsaufruf!! Möglich, da check
                                     als Ergebnis die Adresse von v[i]
                                     liefert, falls kein Fehler vorliegt!
                                   */
        for (int j = 0; j < 3; j++)
            result.check(i) += m.check(i, j) * v.check(j);
    }
    return result;
}
```

Dies ist zwar ein natürlicher Ansatz, aber ein sehr ineffizienter, denn man bedenke, daß die Funktion *check* für jeden Aufruf von *mult* genau 4*(1+4*3) mal aufgerufen wird. Wäre *mult* aber ein Member von Klasse *vector*, könnte man das Überprüfen der Indizes entbehren, wenn man auf ein Vektor-Element zugreift (weil man dann direkt auf die Interna zugreifen kann); wäre *mult* ein Member der Klasse *matrix*, könnte man auch hier das Überprüfen der Indizes entbehren. Aber eine Funktion kann nicht gleichzeitig Member zweier Klassen sein. Was also tun?

Was man benötigt, ist ein Sprachkonstrukt, das einer Nicht-Member-Funktion Zugriff auf den privaten Teil einer Klasse gewährt; man nennt dies **Friend** einer Klasse :

```
class matrix;      /* Deklaration notwendig, da sonst matrix als
                      Parameter für die in der Klasse vector
                      deklarierte Funktion mult unbekannt ist.
                      Eine vollständige Definition ist auch nicht
                      möglich, da sonst das als Member definierte
                      Objekt von Klasse vector unbekannt wäre.
                    */

class vector
{
    float vec[4];

    ...
    friend vector mult(matrix&, vector&);
};
```

```
class matrix
{
   float mat[4][4];

   ...
   friend vector mult(matrix&, vector&);
};
```

Friend-Funktionen sind also keine Member von Klassen und haben daher keinen *this*-Zeiger. Ihre Deklarationen können beliebig im privaten oder öffentlichen Teil einer Klasse plaziert werden. Die *mult*-Funktion hat nun Zugriff auf die Interna der Klassen *matrix* und *vector* und kann ihre Elemente direkt verwenden.

Friend-Deklarationen machen die Funktion im äußersten Scope des Programms bekannt. Die Funktion kann dann wie jede andere Funktion im Deklarationsteil des Hauptprogramms definiert werden. Man formuliere nun *mult* (als Übung).

Eine Member-Funktion einer Klasse kann ein Friend einer anderen Klasse sein:

```
class y { friend void x :: f(); };

class x { void f();};
```

Eine Kurznotation für den Fall, daß alle Funktionen einer Klasse Friends einer anderen sind, existiert auch:

```
class x  { friend class y; };
```

Eine Klasse ist ein Typ, kein Datenobjekt, und jedes Objekt der Klasse hat ihre eigene Kopie der Datenelemente der Klasse. Manche Typen allerdings, werden am elegantesten implementiert, wenn alle Objekte dieses Typs (zumindestens) ein paar Daten gemeinsam haben. Vorzugsweise werden solch gemeinsame Daten mittels **static** als Teil der Klasse deklariert. Zum Beispiel wäre bei der Verwaltung eines Betriebssystems (oder auch bei einer Simulation) eine Liste aller Jobs sehr nützlich :

```
class job
{
   job*        next;
   static  job* joblist;
   public :
   void        schedule(int);
   void        wait(event);

   ...
};
```

Die Deklaration des Members *joblist* als *static* sichert, daß es nur eine einzige Kopie hiervon geben wird, und nicht jeweils eine pro Job-Objekt. Jedoch liegt die Gültigkeit von *joblist* immer noch im Bereich der Klasse, und auf sie kann nur von außen zugegriffen werden, wenn sie als public deklariert wird oder öffentliche Member-Funktionen zu ihrer Manipulation definiert werden (wie hier z.B. *schedule* und *wait*).

8.7 Klassen als Member von Klassen

Innerhalb von Klassendeklarationen ist es jederzeit möglich, andere Structures oder Klassen als Member zu deklarieren. Der Zugriff auf das Klassen-Member erfolgt dann je nach Fall mittels des Punkt- bzw. des Pfeiloperators. Probleme bereitet in diesem Fall jedoch die korrekte Anwendung von Konstruktoren.

8.7.1 Konstruktoren/Destruktoren für Member-Klassen

Dazu folgendes Beispiel:

```
class inner
{
   ...
   public :
   char* v;
   short y;
   inner(char* ch, short sh);
   ~inner( ) { };
};

inner :: inner(char* ch, short sh)
{
  v = ch;
  y = sh;
}
```

```
class outer
{
  ...
  public :
  inner  inclass1;
  char*  x;
  outer(char*  cha);
  ~outer( ) { };
};
```

Hier sind also zwei Klassen *inner* und *outer* definiert worden, wobei ein Objekt der Klasse *inner* (*inclass1*) als Member von *outer* deklariert wurde (Objekte der Art von *inner* seien im weiteren immer als **Member-Klasse**n, Objekte der Art von *outer* als **umfassende Klasse** bezeichnet). Beide Klassen besitzen jeweils einen Konstruktor und einen Destruktor. Der Konstruktor von *inner* ist schon genau angegeben worden, der von *outer* fehlt noch. Der Grund für dieses Fehlen ist, daß die derzeitigen Sprachmittel nicht ausreichen, um diesen Konstruktor zu spezifizieren. Man bedenke: beim Kreieren eines Objekts der Klasse *outer* wird automatisch auch ein Objekt der Klasse *inner* erzeugt, da *inner* ein Member von *outer* ist. *inner* aber besitzt auch einen Konstruktor mit Parametern. Die Frage ist nun, wie macht man diese, für den Konstruktor von *inner* notwendigen Parameter dem Konstruktor von *outer* bekannt? Dies kann offensichtlich nicht ohne weitere Sprachmittel durchgeführt werden.

Die Parameter für den Konstruktor der Member-Klasse (kurz **Member-Konstruktor** genannt) werden in der Definition (nicht in der Deklaration!) des Konstruktors der Klasse spezifiziert, die dieses Member enthält. Der Member-Konstruktor wird dann aufgerufen, bevor der Konstruktor der umfassenden Klasse (der die Parameter für die Member-Klasse spezifiziert) aufgerufen wird. Syntaktisch erfolgt die Angabe der Parameter für den Member-Konstruktor im Kopf der Konstruktor-Definition der umfassenden Klasse. Hierbei wird nach Angabe des Konstruktor-Namens der umfassenden Klasse (samt Parameterliste) ein Doppelpunkt gesetzt, gefolgt vom Namen der Member-Klasse mit Parameterliste. Da sich dies sehr kompliziert anhört, hier der noch fehlende Konstruktor zu obigem Beispiel:

```
outer :: outer(char* cha) : inclass1("Member", 1)
{
  x = cha;
}
```

In diesem Fall wird bei jedem Aufruf des Konstruktors für *outer* der Konstruktor für *inner* mit den festen Werten *"Member"* und *"1"* aufgerufen.

Will man für die Member-Klasse keine festen Werte, sondern Variablen
haben, so gibt es die Möglichkeit, diese im Konstruktor für die umfassende
Klasse anzugeben, die dann an den Konstruktor der Member-Klasse
weitergeleitet werden können:

```
class inner
{
  // wie oben
};

class outer
{
  ...
  public :
  inner inclass1;
  char* x;
  outer(char* cha, char* ch, short sh);
  ~outer( ) { };
}

outer :: outer(char* cha, char* ch, short sh)
       : inclass1(ch, sh)
{
  x = cha;
}
```

Hat eine Klasse zwei oder mehr andere Klassen als Member, so muß die
Parameterliste für die Konstruktoren der Member-Klassen durch Kommata
getrennt werden:

```
class outer
{
  inner inclass1;
  inner inclass2;
  ...
}

outer :: outer(char* cha, char* ch, short sh)
       : inclass1(ch, sh), inclass2(ch, sh)
{
  ...
}
```

Benötigt ein Konstruktor einer Member-Klasse keine Parameter, kann die
Angabe nach dem Doppelpunkt für diese Member-Klasse entfallen. Die
Reihenfolge, in der die Member-Konstruktoren aufgerufen werden, ist
undefiniert, so daß Parameterlisten mit Seiteneffekten vermieden werden
sollten:

```
outer :: outer(char* cha, char* ch, short sh)
       : inclass1(ch, sh = sh*2), inclass2(ch, sh)
{
  // Schlechter Stil; Seiteneffekte möglich!
  ...
}
```

Während bei Konstruktoren zuerst die Member-Konstruktoren aufgerufen werden und dann die Konstruktoren der umfassenden Klasse, verhält sich dies bei Destruktoren genau umgekehrt. Wird ein Klassenobjekt der umfassenden Klasse zerstört (gelöscht), wird zuerst der Destruktor dieser Klasse ausgeführt und erst danach die Destruktoren der Member-Klassen.

8.8 Structures und Unions

Wir haben gesehen, daß Structures einen Spezialfall von Klassen darstellen. Structures werden gebraucht, wenn das "Information Hiding" nicht angebracht ist.

Unions sind nun wiederum Spezialfälle von Structures und werden eingesetzt, um Speicherplatz zu sparen. Eine Union ist definiert als eine Structure, in der jeder Member dieselbe Adresse besitzt. Wenn man weiß, daß zu jedem Zeitpunkt t nur genau ein Member einer Structure einen brauchbaren Wert besitzt, kann eine Union viel Platz sparen (Unions sind vergleichbar mit varianten Records in Pascal):

```
union common
{
   char*    p;         // String
   char     v[8][8];   // Character-Matrix mit 8x8 Zeichen
   int      i;         // Integer
   double   d;         // Reelle Zahl
   float    f;         // Reelle Zahl
};
```

Objekte vom Typ *common* können nun wieder beliebig weiterverwendet werden, so u.a. in Structures und Klassen.

Wenn Unions in Spezialfällen auch nützlich sein können, so sind sie auch mit Vorsicht zu genießen. So ist etwa Typüberprüfung zur Compile-Zeit nicht möglich, da der Compiler nicht wissen kann, welches Member zu einer bestimmten Zeit benutzt wird.

9 ABGELEITETE KLASSEN

Das Konzept der Klassen in C++ ist sicherlich sehr nützlich. Dennoch gibt es Fälle, bei denen die Verwendung von "normalen" Klassen nicht sehr elegant ist und das Implementieren speziellen Codes notwendig macht. Dazu das traditionelle Beispiel eines Angestellten einer Firma. Einen Angestellten könnte man durch folgende Datenstruktur beschreiben:

```
struct  employee
{
   char*      name;
   char       sex;
   short      age;
   short      department;
   int        salary;
   employee*  next;
};
```

Der Zeiger *next* bildet eine Verbindung in einer Liste von Angestellten. Nun wollen wir einen Manager definieren :

```
struct manager
{
   employee    emp;      //  Angestelltendaten des Managers
   employee*   group;    //  verwaltete Angestellte
};
```

Ein Manager ist sicher auch ein Angestellter der Firma; seine Angestelltendaten werden in dem Member *emp* des Manager-Objekts gepeichert. Andererseits verwaltet ein Manager eine Gruppe von Leuten, alles Angestellte der Firma, deshalb der Verweis auf *employee*. Ein Manager-Objekt in eine Liste von Objekten vom Typ *employee* zu hängen ist aber (ohne speziellen Code) nicht möglich, da die Objekte verschiedenen Typs sind. Ein Zeiger auf einen Angestellten (*employee**) ist kein Zeiger auf einen Manager (*manager**), also kann man nicht einfach den einen nehmen, wenn der andere gebraucht wird. Ein Ausweg aus dieser Situation ist es, den Manager als Angestellten plus zuzüglicher Information zu definieren:

```
struct manager : employee { employee* group };
```

Man sagt, die *manager*-Klasse ist **abgeleitet** von der *employee*-Klasse oder *employee* ist eine **Basisklasse** für *manager*. Die Klasse *manager* hat alle Member der Klasse *employee* (name, sex, etc.) und zuzüglich den Member *group*. Mit dieser Definition kann man nun eine Liste von Angestellten erzeugen, von denen einige Manager sind:

```
void  f()
{
    manager       man1, man2;
    employee      emp1, emp2;
    employee*     emp_list;
    emp_list      = &man1; // setze man1, ... in emp_list
    man1.next     = &emp1;
    emp1.next     = &man2;
    man2.next     = &emp2;
    emp2.next     = 0;        // setze Ende der Liste auf NIL
}
```

Ein Manager ist nun auf jeden Fall auch ein Angestellter, also ist es sinnvoll, daß ein Verweis auf die abgeleitete Klasse *manager* (*manager**) implizit (d.h. ohne explizite Typkonvertierung) als ein Verweis auf die Basisklasse *employee* (*employee**) verwendet werden kann. Ein Angestellter ist aber nicht notwendigerweise ein Manager, deshalb kann mittels *employee** ohne explizite Typkonvertierung nicht auf die zuzüglichen Informationen eines Managerobjekts zugegriffen werden.   Basisklasse und abgeleitete Klasse stehen in einer "enthalten-sein-Relation" zueinander; die abgeleitete Klasse enthält die Basisklasse oder anders ausgedrückt : die abgeleitete Klasse ist eine Oberklasse der Basisklasse. Anschaulich kann man sich dies in Form von zwei ineinander geschachtelten Kästen erklären: in dem innersten Kasten befindet sich das Objekt vom Typ *employee* mit seinen speziellen Daten; in dem äußeren, den inneren umfassenden, Kasten befindet sich das Objekt vom Typ *manager* mit seinen zuzüglichen Informationen.

Folgende Abbildung veranschaulicht diese Relation von Basisklasse und abgeleiteter Klasse:

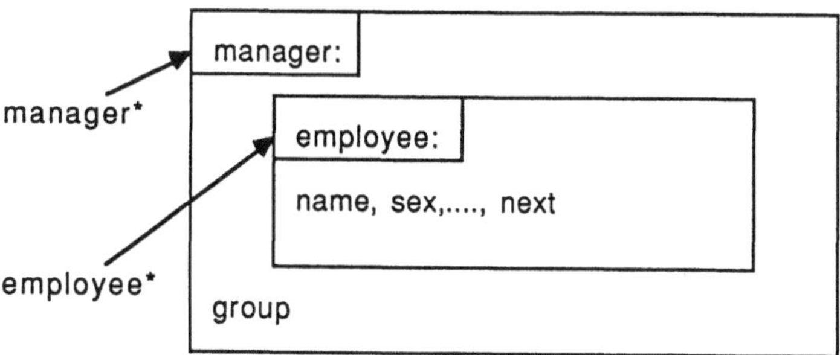

Das Konzept der abgeleiteten Klassen bietet also eine einfache, flexible und effiziente Möglichkeit, eine Klasse zu definieren, einfach durch Hinzufügen von Eigenschaften zu einer bereits existierenden Klasse. Mit Hilfe von abgeleiteten Klassen kann man auch eine gemeinsame Schnittstelle für mehrere verschiedene Klassen anbieten, so daß Objekte dieser Klassen durch andere Programmteile identisch manipuliert werden können.

Bisher sind Structures als Beispiele verwendet worden. Wie ist es nun bei Klassen?

```
class employee
{
  char* name;
  ...
  public :
  void out();
};

class manager : employee
{
  ...
  public :
  void out();
};
```

Einige Fragen tauchen auf:

* Wie kann eine Member-Funktion einer abgeleiteten Klasse Member ihrer Basisklasse verwenden?

* Welche Member der Basisklasse können die Funktionen der abgeleiteten Klasse verwenden?

* Welche Member kann eine Friend-Funktion der Basisklasse/der abgeleiteten Klasse verwenden?

Nehmen wir an, wir hätten folgende Implementation der *manager-out*-Funktion:

```
void manager :: out()
{
  cout << "Name ist " << name << "\n";
}
```

Ein Member einer abgeleiteten Klasse kann öffentlich deklarierte Teile seiner Basisklasse ohne Einschränkung nutzen, d.h. ohne Spezifikation des Objekts.

Die Funktion *manager::out* wird aber nicht korrekt kompiliert werden, da ein Member einer abgeleiteten Klasse keinen Zugriff auf private Teile seiner Basisklasse hat; auf *name* kann also nicht zugegriffen werden, denn *name* ist im privaten Teil der Basisklasse *employee* deklariert.

Dies ist klar, denn wäre dem nicht so, so könnte das Konzept privater Member mit Leichtigkeit von einem Programmierer umgangen werden, indem er einfach eine neue Klasse von der Basisklasse ableitet, mit Hilfe derer er dann Zugriff auf private Teile der Basisklasse hätte. Mit Friend-Funktionen kann man den Zugriff allerdings wieder explizit erlauben:

```
class employee { friend void manager :: out(); };
```

würde der *manager*-Funktion *out* den Zugriff auf private Member der Klasse *employee* gestatten.

Die Anweisung

```
class employee { friend class manager; };
```

macht jeden Member der Klasse *employee* zugänglich für jede Funktion der Klasse *manager*, darunter auch *out*.

Eine alternative und oft sauberere Möglichkeit ist:

```
void manager :: out()
{
    employee :: out;      //      Drucke Angestellten-Information
    ...                   //      Drucke Manager-Information
};
```

d.h. die *out*-Funktion von *manager* benutzt die als öffentlich deklarierte Funktion *out* der Klasse *employee* (:: ist notwendig, da *out* in *manager* selbst neu definiert wurde und man andernfalls eine rekursive Definition bekäme!).

Durch

```
class manager : public employee { ... };
```

wird ein öffentliches Member der Klasse *employee* auch ein öffentliches Member der Klasse *manager*; *employee* ist eine **öffentliche Basisklasse**. Alternativ dazu kann man eine **private Basisklasse** definieren mit

```
class manager : employee { ... };
```

d.h. ein öffentliches Member der Klasse *employee* ist ein privates Member in *manager*.

Friends einer abgeleiteten Klasse haben dieselben Zugriffsrechte wie die eigentlichen Member der Klasse. Die Basisklasse einer Structure ist implizit eine öffentliche Basisklasse.

9.1 Zeiger auf Klassen

Nehmen wir an, wir haben eine Basisklasse *inner* und eine abgeleitete Klasse *outer*. Dann kann ein Zeiger auf *outer* einer Variablen vom Typ Zeiger auf *inner (inner*)* ohne explizite Typkonvertierung zugewiesen werden. Andersherum muß es explizit geschehen:

```
class inner { ... };
class outer : public inner { ... };


outer        dummy;
inner*       inner_pointer    = &dummy;
                              //  implizite Konvertierung


outer*       outer_pointer    = inner_pointer;
                              //  Fehler : ein inner* ist kein
                              //  outer*


outer_pointer                 = (outer*) inner_pointer;
                              //  OK, explizite Konvertierung
```

Dies bedeutet, daß ein Objekt einer abgeleiteten Klasse wie ein Objekt der Basisklasse behandelt werden kann, wenn es durch Zeiger manipuliert wird; die Umkehrung gilt nicht!

9.2 Klassenhierarchien

Eine abgeleitete Klasse kann wieder eine Basisklasse sein:

```
class employee                            { ... };
class secretary      : employee           { ... };
class manager        : employee           { ... };
class director       : manager            { ... };
class vice_president : director           { ... };
class president      : vice_president     { ... };
```

Solch eine Menge von zusammenhängenden Klassen bezeichnet man (typischerweise) als Klassenhierarchie. Als Struktur formen solche Hierarchien einen Baum, da man eine Klasse nur von einer einzigen Basisklasse ableiten kann. Kompliziertere Strukturen, wie etwa gerichtete, azyklische Graphen von abgeleiteten Klassen, die sehr nützlich sein können, kann man über Umwege allerdings auch erzeugen.

9.3 Konstruktoren/Destruktoren für abgeleitete Klassen

Ähnlich wie bei Konstruktoren/Destruktoren für Klassen als Member von Klassen (vgl. Kapitel 8.7) gibt es auch bei Konstruktoren/Destruktoren für abgeleitete Klassen bzw. Basisklassen Probleme. Dazu folgendes Beispiel:

```cpp
class ground
{
  public :
  int  i;
  ground(int  j)
  {
     i = j;
  }
  ~ground() { };
};

class base : public ground
{
  public :
  char* v;
  short  y;
  base (char* ch, short sh);
  ~base() { };
};
```

Wird ein Objekt der abgeleiteten Klasse *base* erzeugt, wird auch implizit eines der Basisklasse *ground* kreiert. Der Konstruktor für die Basisklasse benötigt jedoch (in diesem Fall) einen Parameter. Wie kann dieser Parameter beim Aufruf des Konstruktors für die abgeleitete Klasse angegeben werden?

Die Lösung sieht für dieses Problem genauso aus wie die Lösung für Konstruktoren für Member-Klassen (vgl. Kapitel 8.7), mit dem einen Unterschied, daß Basisklassen wie Member-Klassen ohne Namen behandelt werden. In diesem Fall erfolgt die Angabe der Parameter für die Basisklasse also ebenfalls im Kopf der Definition (nicht der Deklaration!) des Konstruktors der abgeleiteten Klasse. Nach dem Doppelpunkt genügt hier aber die Angabe der Parameter in Klammern ohne Angabe eines Namens vor dieser Parameterliste. Die Angabe eines Namens bzw. keines Namens vor der Parameterliste unterscheidet also die Konstruktoren für

Member-Klassen bzw. Basisklassen. Als Beispiel hier die Definition des Konstruktors für *base*:

```
base :: base(char* ch, short sh) : (10)
{
  v = ch;
  y = sh;
}
```

Hat man eine mehr als zweistufige Klassenhierarchie, so muß man darauf achten, daß die Parameter für den Konstruktor einer Basisklasse immer bei der Definition des Konstruktors der "direkt darüberliegenden abgeleiteten Klasse" angegeben werden müssen. So könnten wir obiges Beispiel noch um eine weitere, von *base* abgeleitete Klasse *derived* erweitern, die zusätzlich auch noch als Member-Klasse ein Objekt der Klasse *base* besitzt (Man beachte: *base* ist somit sowohl Member-Klasse von *derived* als auch Basisklasse zu *derived*):

```
class derived : public base
{
  public :
  base mem;
  char* x;
  derived(char* n);
  ~derived() {};
};
```

Der Konstruktor für *derived* muß nun Informationen für den Konstruktor der Basisklasse *base* und den Klassen-Member *mem* (vom Typ *base*) enthalten:

```
derived :: derived(char* cha)
        : mem("Member", 1), ("Basisklasse", 2)
{
  x = cha;
}
```

mem(...) bewirkt hier den Aufruf des Konstruktors für die Member-Klasse und *(...)* bewirkt den Aufruf des Konstruktors für die Basisklasse. Die Unterscheidung erfolgt also durch Angabe eines bzw. keines Namens vor der Parameterliste. Deshalb ist die Reihenfolge der Angabe ohne Bedeutung.

Wird nun ein Objekt der Klasse *derived* erzeugt, etwa durch

```
derived d = derived("Abgeleitet");
```

so wird zunächst der Konstruktor für die Klasse *base* mit den entsprechenden Parametern aufgerufen, welcher wiederum den Konstruktor für *ground* mit den entsprechenden Parametern (welche im Konstruktor für *base* angegeben sind) aufruft.

Genau wie bei Konstruktoren für Member-Klassen werden hier also Klassenobjekte "bottom-up" erzeugt; bei Destruktoren verhält sich dies in entsprechender Weise umgekehrt.

9.4 Typfelder

Will man mit abgeleiteten Klassen mehr anfangen, als sie nur als bequeme Kurzform bei der Deklaration zu nutzen, muß folgendes geklärt werden:

Angenommen, es existiert ein Zeiger *base** auf eine Basisklasse *base*. Zu welcher abgeleiteten Klasse gehört das Objekt, auf welches der Zeiger verweist, wirklich?

Es gibt drei verschiedenartige Lösungenwege:

1) Sicherstellen, daß nur auf Objekte eines einzigen Typs verwiesen wird

2) Plazieren eines Typfelds in der Basisklasse, auf welches Funktionen, die Klassenobjekte verwenden, zugreifen

3) Verwendung von virtuellen Funktionen

Lösung 1 wird üblicherweise bei Mengen, Vektoren und Listen verwendet. In diesem Fall wird die Erzeugung homogener Listen bewirkt, also Listen von Objekten desselben Typs. Die Lösungen 2 und 3 können verwendet werden, um heterogene Listen zu schaffen, also Listen von (Zeigern auf) Objekte(n) mehrerer verschiedener Typen.

Zunächst zu Lösung 2. Wir können das *manager/employee*-Beispiel umdefinieren zu:

```
enum employee_type {M, E};
struct employee
{
    employee_type    emp_type;
    employee*        next;
    char*            name;
    ...
};
```

```cpp
struct manager : employee
{
  employee*    group;
  int          level;
  short        department;
  ...
};
```

Mit Hilfe dieser Definition können wir nun eine Funktion schreiben, die
Informationen über einen Angestellten ausdruckt:

```cpp
void print_data (employee* my_employee);
{
  switch  (my_employee->emp_type)
  {
    case E :  cout << my_employee->name << "\t"
                   << my_employee->department << "\n";
              break;

    case M :  cout << my_employee->name << "\t"
                   << my_employee->department << "\n";
              manager* my_manager =
                   (manager*) my_employee;
              // explizite Typkonvertierung!
              cout << "level " << my_manager->level << "\n";
              break;
  }
}
```

Diese Funktion können wir nun benutzen, um eine Liste von Angestellten zu
drucken:

```cpp
void print (employee* help)
{
  for (; help; help = help->next) print_data(help);
}
```

Dies funktioniert zwar gut, besonders in kleinen Programmen, die von
einer einzigen Person geschrieben sind. Der Compiler kann Typüberprüfung
im voraus allerdings nicht durchführen, so daß diese Methode leicht zu
Fehlern führen kann. Deshalb gibt es als dritten Lösungsweg die virtuellen
Funktionen, auf die wir im folgenden eingehen werden.

9.5 Virtuelle Funktionen

Virtuelle Funktionen gestatten es, Funktionen in einer Basisklasse zu deklarieren, die aber in jeder abgeleiteten Klasse umdefiniert werden dürfen. Der Compiler und der Lader garantieren den korrekten Zusammenhang zwischen Objekten und auf diesen angewandte Funktionen:

```
struct employee
{
   employee*    next;
   char*        name;
   short        department;
   ...
   virtual void out();
};
```

Das Schlüsselwort **virtual** zeigt an, daß die Funktion *out* verschiedene Versionen in verschiedenen abgeleiteten Klassen haben kann und daß es die Aufgabe des Compilers ist, nun die richtige Funktion für jeden Aufruf von *out* zu finden. Der Ergebnistyp der Funktion muß in der Basisklasse deklariert sein (hier *void*) und darf in abgeleiteten Klassen nicht umdeklariert werden. Eine virtuelle Funktion muß für die Klasse definiert werden, in der sie zuerst deklariert wurde, wobei das Schlüsselwort *virtual* nur in dieser Klasse genau einmal verwendet werden darf. D.h. es darf an anderer Stelle für die hier deklarierte/definierte Funktion nicht noch einmal vorkommen:

```
void employee :: out()
{
   cout << name << "\t" << department << "\n";
}
```

Diese Vorgehensweise bewirkt, daß die virtuelle Funktion auch dann verwendet werden kann, wenn keine abgeleiteten Klassen existieren und abgeleitete Klassen, die keine spezielle Version der virtuellen Funktion benötigen, brauchen keine anzubieten.

```
struct manager : employee
{
   employee*    group;
   short        level;
   ...
   void         out();
};
```

```
void manager :: out()
{
  employee :: out();
  cout << "\tlevel : " << level << "\n";
}
```

Die Funktion *print_data* in Lösung 2 von Abschnitt 9.4 ist nun unnötig; das Ausdrucken einer Liste von Angestellten kann so erfolgen:

```
void print_all (employee* help)
{
  for (; help; help = help->next) help->out();
}
```

Jeder Angestellte wird nun entsprechend seines Typs ausgedruckt. Zum Beispiel würde

```
main()
{
  employee emp1;
  emp1.name           = "W. Schulz";
  emp1.department     = 51;
  emp1.next           = 0;
  manager man1;
  man1.name           = "R. Maier";
  man1.department     = 5;
  man1.level          = 2;
  man1.next           = &emp1;
  print_all(&man1);
}
```

folgendes produzieren :

```
R. Maier    5
            level : 2
W. Schulz   51
```

10 OPERATOR OVERLOADING

Programme manipulieren häufig Objekte, die eine konkrete Repräsentation abstrakter Objekte darstellen. So stellt etwa der Datentyp *int* mit den Operatoren +, -, *, /, etc. eine Implementation des mathematischen Konzepts der ganzen Zahlen dar. Solche Konzepte beeinhalten also typischerweise eine Menge von Operatoren, die grundlegende Operationen auf Objekten spezifizieren. Klassen sind nun selbstdefinierte, nicht-primitive Objekte und repräsentieren ebenso ein bestimmtes Konzept, für das die standardmäßig angebotenen Operatoren allerdings nicht angewendet werden können. So hatten wir bereits gesehen, daß der Test auf Gleichheit zweier Klassen mit Hilfe der Operatorsymbole == und != nicht funktioniert. Klassen aber bieten die Möglichkeit des Spezifizierens von Objekten samt einer Menge von auf diesen Objekten zulässigen Operationen mit Hilfe des **Operator Overloading**s. Das Prinzip dabei ist, daß vordefinierte Operatoren, angewandt auf Klassen, per Definition eine neue Bedeutung erlangen, d.h die gewohnten Operator-Zeichen, wie etwa +, ==, !=, etc. können mit einer spezifischen Bedeutung im Kontext von Klassen wiederverwendet werden. Einem Programmierer wird damit die Möglichkeit gegeben, eine konventionelle, gewohnte und bequeme Notation zur Manipulation von Klassenobjekten anzubieten. Das Umdefinieren der Operator-Zeichen geschieht dabei über die Definition

operator@ (..., ...),

wobei *operator* ein vordefiniertes Schlüsselwort und @ ein Operator-Zeichen darstellt; in Klammern werden die notwendigen Parameter angegeben, die insbesondere durch ihre Anzahl spezifizieren, ob es sich um eine binäre oder unäre Operation handelt. Zum Beispiel definiert

```
class complex
{
    double real_part, imag_part;
    public :
    complex (double r, double i)
    {
      real_part   = r;
      imag_part   = i;
    }

    friend complex operator+ (complex, complex);
    friend complex operator* (complex, complex);
    ...
};
```

eine einfache Repräsentation des Konzepts der komplexen Zahlen, bei der jede Zahl repräsentiert wird durch ein Paar von reellen Zahlen, die bei obiger Definition nur durch die Operationen + und * manipuliert werden können. Durch geeignete Definitionen der Funktionen *operator+* und *operator** bekommen die Operatoren + und * neue Bedeutungen, können aber in üblicher Weise verwendet werden:

```
            complex operator+ (complex a1, complex a2)
            {
               return complex (a1.real_part  +  a2.real_part,
                               a1.imag_part  +  a2.imag_part);
            }


            complex operator* (complex a1, complex a2)
            {
               return complex( (a1.real_part  *  a2.real_part) -
                               (a1.imag_part  *  a2.imag_part),
                               (a1.real_part  *  a2.imag_part) +
                               (a1.imag_part  *  a2.real_part));
            }

                               /*   Wegen der Multiplikation von
                                    (a + ib) * (c + id) !
                               */

            void evaluate()
            {
               complex a = complex(1, 3.1);
               complex b = complex(1.2, 2);
               complex c = b;
               a = b + c;
               b = b + c * a;
               c = a * b + complex(1,2);
            }
```

10.1 Möglichkeiten und Einschränkungen

Es ist nicht möglich die Prioritätsregeln der Operatoren zu verändern (so bedeutet *b = b + c * a* wie üblich *b = b + (c * a)*; ebensowenig können neue Operatoren definiert werden. Wenn jedoch der übliche Operatorsatz nicht adäquat erscheint, kann man Funktionsaufrufe verwenden. So sollte man für die Exponentiation die Funktion *pow* verwenden und nicht etwa **, wie man es vielleicht aus anderen Programmiersprachen gewohnt ist. Was würde denn auch z.B. *a ** b* bedeuten : *a* (*b)* oder *(a) ** (b)* ?

Ein binärer Operator kann entweder als Member-Funktion mit einem Parameter oder als Friend-Funktion mit zwei Parametern definiert werden.

Für jeden binären Operator *@* kann man also *a @ b* definieren als *a.operator@(b)* oder als *operator@(a, b)*. Werden beide Möglichkeiten verwendet, ist *a @ b* ein Fehler! Ebenso kann ein unärer Operator als parameterlose Member-Funktion oder als Friend-Funktion mit einem Parameter definiert werden:

```
class def
{
    //    als Friend-Funktionen

    friend def operator+(def);              //   unäres Plus
    friend def operator+(def,def);          //   binäres Plus
    friend def operator-();                 //   Fehler, da kein
                                            //   Parameter
    friend def operator+(def, def, def);    //   Fehler, da ternäre
                                            //   Operation


    //    als Member-Funktionen

    def* operator&();                       //   unäres & (Adresse
                                            //   von)
    def  operator&(def);                    //   binäres & (und)
    def  operator &(def, def);              //   Fehler, da ternäre
                                            //   Operation
};
```

Dadurch, daß eine Operator-Funktion entweder ein Member ist oder mindestens ein Klassenobjekt als Parameter besitzt, wird sichergestellt, daß ein Programmierer keinesfalls die Bedeutung von Ausdrücken verändern kann, die keine selbstdefinierten Typen enthalten. Werden *++* und *--* überlagert, so wird zwischen Postfix- und Präfix-Anwendungen nicht mehr unterschieden. Weiterhin werden keine Annahmen über die Bedeutung von selbstdefinierten Operatoren gemacht. So gilt üblicherweise für eine Integer-Variable *a*, daß *(++a) = (a+=1) = (a = a + 1)*; für selbstdefinierte Typen gilt dies nicht, es sei denn, der Programmierer spezifiziert *a* auf diese Art und Weise. Außerdem wird nicht generell angenommen, daß z.B. *+* und *** kommutativ sind, d.h. *a + b = b + a*. So würde bei der Verwendung einer Member-Funktion die Addition *a + 2*, mit *a* als komplexer Variable und *2* als Integer-Wert, interpretiert werden als *a.operator+(2)*. Die Addition *2 + a* aber würde als *2.operator+(a)* interpretiert werden, was zu einem Fehler führt! In diesem Fall müßten demnach zwei Member-Funktionen definiert werden, die die Bedeutung von *+* genau festlegen; mit Friend-Funktionen allerdings läßt sich dieses Problem leichter lösen.

Sicherlich kann das Operator-Overloading sehr nützlich sein. Allerdings sollte man aus den beschriebenen Gründen auch recht behutsam von dieser Möglichkeit Gebrauch machen. Obwohl automatisch verhindert wird, daß die Bedeutungen von Operatoren für fundamentale Typen nicht verändert werden können, ist es für selbstdefinierte Typen möglich, z. B. einen Operator + mit der Bedeutung von Minus zu definieren; dies ist für die

Lesbarkeit und das Verständnis eines Programms aber sehr abträglich. Generell sollten Operator-Zeichen nur mit gleicher oder wenigstens ähnlicher Bedeutung verwendet werden. Ist dies nicht möglich, ist es vorteilhafter einen Funktionsaufruf zu verwenden.

11 EIN-/AUSGABE

11.1 Unformatierte Ein-/Ausgabe

Zum Abschluß noch einige Bemerkungen zur Ein- und Ausgabe in C++. Wie bereits ganz am Anfang kennengelernt, bezeichnen

```
cin >> ...   bzw.   cout << ...
```

Möglichkeiten zur unformatierten Ein- und Ausgabe von Werten fundamentaler Typen. *cin* und *cout* bezeichnet man als **Ströme**, die standardmäßig auf den Standard-Input bzw. Standard-Output gelegt sind. << und >> sind Operatoren, deren Wirkungsweisen festgelegt sind durch als öffentlich deklarierte Member zweier in *<stream.h>* versteckter Klassen :

```
class ostream
{
  ...
  public :
  ostream& operator<<(char*);
  ostream& operator<<(int  i)
  {
    return *this<<long(i);
  }
  ostream& operator<<(long);
  ostream& operator<<(double);
  ostream& put(char);
  ...
};
```

```
class istream
{
  ...
  public :
  istream&  operator>>(char*);
  istream&  operator>>(char&);
  istream&  operator>>(short&);
  istream&  operator>>(int&);
  istream&  operator>>(long&);
  istream&  operator>>(float&);
  istream&  operator>>(double&);
  istream&  get(char& c);                  // Character
  istream&  get(char* p, int n, int = '\n');   // String
  ...
};
```

Diese Ströme einschließlich der zugehörigen Operationen sind jedoch nur für fundamentale Typen definiert; für selbstdefinierte Typen wie Klassen und Structures müssen die Ein- und Ausgabe-Operationen mit Hilfe des Operator-Overloading selbst festgelegt werden. Hätten wir etwa folgende Implementation der Klasse komplexer Zahlen:

```
class complex
{
  double real_part, imag_part;
  public :
  complex (double r = 0, double i = 0)
  {
    real_part = r;
    imag_part = i;
  }

  friend double out_real (complex& a)
  {
    return  a.real_part;
  }

  friend double out_imag (complex& a)
  {
    return  a.imag_part;
  }

  friend complex operator+ (complex, complex);
};
```

so könnte die Ausgabe von Werten solcher Klassenobjekte etwa wie folgt aussehen:

```
ostream& operator<<(ostream& o, complex c)
{
    return o << "(" << out_real(c) << "," << out_imag(c) << ")";
}
```

Neben den schon bekannten Strömen *cin* und *cout* existiert noch ein weiterer Standardstrom *cerr*, der den Fehlerausgabestrom bezeichnet. Er kann genauso behandelt werden wie *cin* und *cout*.

Es ist auch möglich, zwei Ströme zu kopieren :

```
cout = cerr;
```

<< wird also für die unformatierte Ausgabe verwendet, d.h ein Programmierer ist für die saubere Ausgabe selbst verantwortlich (z.B. für das Benutzen von "\n" für den Zeilenvorschub am Ende einer Zeile oder für die linksbündige Ausgabe einer Integerzahl, etc.).

11.2 Formatierte Ausgabe

C++ bietet auch die Möglichkeit der formatierten Ausgabe mit Hilfe der *form*-Funktion (vergleichbar mit der *printf*-Funktion in C). Ein formatierter String besteht dabei aus zwei Typen von Objekten: reine Character-Zeichen, die einfach auf den Output-Strom kopiert werden, und Konvertierungs-Spezifikationen, von denen jede die konvertierte Ausgabe des nächsten Parameters bewirkt. Jede gewünschte Konvertierung beginnt mit einem %. Als Beispiel:

```
cout << form("  Im Hörsaal sitzen %d Studenten und %d
              Studentinnen; der\nHörsaal ist somit zu %f
              %% ausgelastet.", no_of_men, no_of_women,
              utilized);
```

Das erste %d bewirkt, daß der erste Parameter der Funktion (Integer) in dezimaler Notation ausgegeben wird, ebenso das zweite %d für den zweiten Parameter; %f bewirkt, daß das folgende Argument (float) in dezimaler Notation der Art [-] xxx.xxx ausgegeben wird und %% sorgt dafür, daß das Zeichen % selbst gedruckt wird. Mit

```
no_of_men      = 60;
no_of_women    = 30;
utilized       = 25.1;
```

würde demnach folgendes ausgedruckt werden:

> Im Hörsaal sitzen 60 Studenten und 30 Studentinnen; der
> Hörsaal ist somit zu 25.1% ausgelastet.

Die Menge der möglichen Konvertierungs-Spezifikationen ist ziemlich
groß. Hier die wichtigsten in abgekürzter Form.

Nach % kann stehen:

n   steht für einen optionale Integer-Wert und gibt die gewünschte
Länge des Zahlenfeldes an; hat der konvertierte Wert weniger
Zeichen als angegeben, wird mit Blanks aufgefüllt;

%   bewirkt die Ausgabe des %-Zeichens

d   ein Integer-Wert wird in dezimaler Notation ausgegeben

o   ein Integer-Wert wird in oktaler Notation ausgegeben

x   ein Integer-Wert wird in hexadezimaler Notation ausgegeben

f   ein Float- oder Double-Wert wird in dezimaler Notation der Art
[-] xxx.xxx ausgegeben

e   ein Float- oder Double-Wert wird in dezimaler Notation der Art
[-] x.xxxe±xx ausgegeben

c   Character wird ausgegeben

s   String wird ausgegeben

Die Benutzung von *form* ist jedoch unsicher, da Typüberprüfung nicht
durchgeführt wird. So könnte etwa ein *%s*, wenn es auf ein Character-
Zeichen angewendet wird, unvorhersehbare Ausgaben erzeugen.

Weitere vordefinierte Funktionen, die man bei der Ausgabe nutzen kann,
sind:

```
char* oct(long, int = 0)        // oktale Repräsentation
char* dec(long, int = 0)        // dezimale Repräsentation
char* hex(long, int = 0)        // hexadezimale Repräsentation
char* chr(int, int = 0)         // Character
char* str(char*, int = 0)       // Strings
```

Der zweite (optionale) Parameter spezifiziert die Anzahl von zu verwen-
denden Character-Positionen.

In *<ctype.h>* sind noch weitere wichtige Funktionen zur Input-Behandlung enthalten (Auszug):

```
int  isalpha(char)     //   'a', ... , 'z', 'A', ..., 'Z'
int  isupper(char)     //   'A', ..., 'Z'
int  islower(char)     //   'a', ... , 'z'
int  isdigit(char)     //   '0', ..., '9'
int  isspace(char)     //   ' ', '\t', return, newline, formfeed
int  iscntrl(char)     //   Control Character (ASCII 0..31 und
                       //   127)
int  isalnum(char)     //   isalpha und isdigit
```

All dies sind Boolesche Funktionen, die ein Zeichen auf die Zugehörigkeit zu einem bestimmten Bereich überprüfen. Liegt das Zeichen nicht im zugehörigen Bereich, wird eine 0 zurückgegeben (false), sonst ein Wert ungleich 0 (true).

Es gibt noch weitere Besonderheiten, die jedoch hier zu weit führen würden. Mit den hier angegebenen Hilfsmitteln läßt sich bereits ein Großteil von Anwendungen problemlos abdecken.

11.3 Dateioperationen

Ebenso wie in anderen höheren Programmiersprachen, existieren auch in C++ Operatoren zur Manipulation von Dateien ($\approx$ Files).

In *stream.h* ist eine Structure *filebuf* definiert, in der die wesentlichsten Operationen zur Filebehandlung deklariert sind.

Z.B. wird mittels der Definition

```
filebuf  datei1;
```

ein Objekt dieser Structure mit Namen *datei1* definiert.

Das Öffnen einer Datei wird dann wie folgt vorgenommen:

```
datei1.open(Dateiname, Modus);
```

wodurch die physikalische Datei *Dateiname* mit dem logischen Namen *datei1* assoziiert wird. *Modus* gibt dabei an, welche Zugriffsart gewünscht wird (lesend, schreibend, anhängend ($\approx$ append)). Also z.B.:

```
datei1.open("Dateiname", input);            // lesend
datei1.open("Dateiname", output);           // schreibend
datei1.open("Dateiname", append);           // anhängend
```

Die Funktion *open* liefert den Wert 0, falls ein Fehler auftritt, also z.B. eine nicht existierende Datei zum Lesen geöffnet werden soll. Andernfalls wird ein Wert $\neq$ 0 zurückgegeben.

Das Öffnen einer nicht existierenden Datei zum Schreiben bewirkt, daß eine neue Datei mit dem angegebenen Dateinamen angelegt wird. Existiert die Datei dagegen, so wird sie überschrieben.

Eine geöffnete Datei kann durch *close* wieder geschlossen werden:

```
datei1.close();
```

Eine geöffnete Datei läßt sich zur Initialisierung eines streams nutzen, indem man Objekte der Klassen *istream* oder *ostream* kreiert und die Datei als Parameter für den Konstruktor verwendet.

```
istream eingabedatei( &datei1 );
```

Hierdurch stehen alle Operatoren der Klasse *istream* zum Lesen der Datei zur Verfügung, z.B.:

```
char ch;
eingabedatei >> ch;
```

Völlig analog lassen sich Dateien, die beschrieben werden sollen, als Parameter für den Konstruktor eines Objektes der Klasse *ostream* verwenden.

Bemerkung:
Die Klassen istream und ostream besitzen unter anderem folgende interessante Funktionen:

```
istream:    int        eof();            // Abfrage auf Ende des Files;
                                          // eof() = 0, falls das Ende des Files
                                          // nocht nicht erreicht ist, andernfalls
                                          // ist eof() ≠ 0
            istream&   get(char&);       // Einlesen eines Characters, auch Blanks
                                          // und Return-Zeichen werden gelesen
            istream&   putback(char);    // legt das Zeichen wieder auf dem
                                          // Eingabestrom ab, es könnte also
                                          // wieder als nächstes gelesen werden

ostream:    ostream&   put(char);        // schreibt ein Zeichen
```

Zum Abschluß noch ein Beispiel, wie eine Datei kopiert werden kann. Die Datei *infile* wird gelesen und zeichenweise in die Datei *outfile* kopiert.

```
#include <stream.h>

filebuf  datei1;
filebuf  datei2;
char ch;

main()
{
   if  (datei1.open("infile",input))
   {
                                        //  Datei  infile  existiert

      datei2.open("outfile",output);    // Existiert die Datei outfile,
                                        // so wird sie überschrieben,
                                        // ansonsten wird eine neue
                                        // Datei unter diesem Namen
                                        //  angelegt
      istream  eingabedatei( &datei1);  // Kreieren eines Objekts vom
                                        // Typ istream  mit Namen
                                        // eingabedatei
      ostream  ausgabedatei( &datei2);

      while  (!eingabedatei.eof())
      {
          eingabedatei.get(ch);
          ausgabedatei << chr(ch);
      }
      cout << "Kopiervorgang beendet! \n";
   }
   else cout << "Datei infile existiert nicht! \n";
}
```

Um nicht nur Dateien mit fest vorgegebenen Namen kopieren zu können, kann man auch die Funktion *main* mit Parametern aufrufen, wenn man unser Programm wie folgt modifiziert:

```
#include <stream.h>

filebuf  datei1;
filebuf  datei2;
char     ch;
```

```
main(int argc, char* argv[ ])

/*  Beim Aufruf eines Programms wird nur die Funktion main aufgerufen.
    Dabei werden zwei Parameter übergeben, üblicherweise argc und
    argv genannt. argc gibt die Anzahl der Parameter und argv die
    jeweiligen Parameter an. Der erste Parameter ist der
    Programmname selbst (somit ist argc immer >= 1), die weiteren
    Parameter sind hier die beiden Dateinamen. */
{
    switch (argc)
    {
        case 3 :
            if (datei1.open(argv[1],input))
            {
                                // Datei existiert
                datei2.open(argv[2],output);
                                // Existiert die Datei, so wird
                                // sie überschrieben, ansonsten wird
                                // eine neue Datei unter diesem Namen
                                // angelegt.

                istream eingabedatei( &datei1);
                                // Kreieren eines Objekts vom Typ
                                // istream mit Namen eingabedatei.

                ostream ausgabedatei(&datei2);

                while (!eingabedatei.eof())
                {
                   eingabedatei.get(ch);
                   ausgabedatei << chr(ch);
                }
                cout << "Kopiervorgang beendet! \n";
            }
            else cout << "Datei " << argv[1] << " existiert nicht! \n";
            break;

        default:  cout << "Falsche Anzahl von Parametern \n";
    }
}
```

Angenommen unser Programm wird fehlerfrei kompiliert und wir nennen es
copy. Dann wird durch

        copy dat1 dat2

die Eingabedatei *dat1* nach *dat2* kopiert. *argc* hat in diesem Fall den Wert
3, denn es gibt 3 Parameter (einschließlich des Programmnamen *copy*

selbst) und *argv[ ]* besitzt folgende Werte :

```
argv[0]   = "copy"
argv[1]   = "dat1"
argv[2]   = "dat2"
```

Die Verwendung von *argc* und *argv* ist in vielen Fällen sehr sinnvoll, da hierdurch beim Programmaufruf direkt Werte für den Programmlauf angegeben werden können, ohne sie im Programm selbst abfragen zu müssen. Fast alle unter Unix laufenden Systemroutinen arbeiten nach diesem Prinzip, denn sie sind selbst in C geschrieben.

12 ANHANG

12.1   Tabelle der Operatoren

Übersicht über die Operatoren und ihre Prioritäten :

Unäre Operatoren und Zuweisungsoperatoren sind rechts-assoziativ; alle anderen sind links-assoziativ, d.h. beispielsweise a=b=c bedeutet a=(b=c), a+b+c bedeutet (a+b)+c und *p++ bedeutet *(p++) und nicht (*p)++.

In der folgenden Tabelle befinden sich in jedem Block Operatoren gleicher Priorität. Ein Operator in einem höheren Block hat Vorrang vor einem in einem niedrigeren Block.

Definition von *lvalue*: Ein Objekt ist ein Speicherbereich, ein *lvalue* ist ein Ausdruck, der sich auf ein Objekt bezieht.

Operator	**Bedeutung**	**Beispiel**
::	Scope	*class_name* :: *member*
::	Global	:: *name*
->	Member-Auswahl	*pointer -> member*
.	Member-Auswahl	*class_name.member*
[]	Vektoren	*pointer[expr]*
()	Funktionsaufruf	*expr(expr_list)*
()	Wertkonstruktion	*type(expr_list)*
sizeof	Objektgröße	sizeof *expr*
sizeof	Typgröße	sizeof(*type*)
++	Post-Inkrementierung	*lvalue*++
++	Prä-Inkrementierung	++*lvalue*
--	Post-Dekrementierung	*lvalue*--
--	Prä-Dekrementierung	--*lvalue*
~	Komplement	~*expr*
!	nicht	!*expr*
-	unäres Minus	-*expr*
+	unäres Plus	+*expr*
&	Adresse von	&*lvalue*
*	Dereferenz	*expr*
new	kreieren	new *type*
delete	löschen	delete *pointer*

delete[]	lösche Vektor	delete [*expr*] *pointer*
()	Typkonversion	(type) *expr*
*	multiplizieren	*expr * expr*
/	dividieren	*expr / expr*
%	modulo	*expr % expr*
+	addieren	*expr + expr*
-	subtrahieren	*expr - expr*
<<	links-shift	*lvalue << expr*
>>	rechts-shift	*lvalue >> expr*
<	kleiner als	*expr < expr*
<=	kleiner oder gleich	*expr <= expr*
>	größer als	*expr > expr*
>=	größer oder gleich	*expr >= expr*
==	gleich	*expr == expr*
!=	ungleich	*expr != expr*
&	bitweises UND	*expr & expr*
^	bitweises exklusives ODER	*expr ^ expr*
|	bitweises inklusives ODER	*expr | expr*
&&	logisches UND	*expr && expr*
||	logisches ODER	*expr || expr*
? :	arithmetisches IF	*expr ? expr : expr*
=	einfache Zuweisung	*lvalue = expr*
*=	muliplizieren und zuweisen	*lvalue *= expr*
/=	dividieren und zuweisen	*lvalue /= expr*
%=	modulo und zuweisen	*lvalue %= expr*
+=	addieren und zuweisen	*lvalue += expr*
-=	subtrahieren und zuweisen	*lvalue -= expr*
<<=	linksschieben und zuweisen	*lvalue <<= expr*
>>=	rechtsschieben und zuweisen	*lvalue >>= expr*
&=	UND und zuweisen	*lvalue &= expr*
|=	inklusives ODER und zuweisen	*lvalue |= expr*
^=	exklusives ODER und zuweisen	*lvalue ^= expr*
,	Komma (Sequenz)	*expr, expr*

12.2   Tabelle der reservierten Worte

Folgende Identifier sind reserviert und dürfen nicht andersweitig benutzt werden :

asm	auto	break	case	char
class	const	continue	default	delete
do	double	else	enum	extern
float	for	friend	goto	i f
inline	int	long	new	operator
overload	public	register	return	short
sizeof	static	struct	switch	this
typedef	union	unsigned	virtual	void
while				

12.3   Tabelle der besonderen Character

Folgende Character haben spezielle Bedeutung und werden insbesondere zur Steuerung der Ausgaben verwendet :

'\b'	Backspace
'\f'	Seitenvorschub
'\n'	neue Zeile
'\r'	Carriage Return
'\t'	Horizontaler Tabulator
'\v'	Vertikaler Tabulator
'\\'	Backslash
'\''	Einfaches Anführungszeichen
'\"'	Doppeltes Anführungszeichen
'\0'	Null, der Integerwert 0

12.4   Tabelle der Anweisungen

statement:

    declaration
    { *statement-list*$_{opt}$ }
    expression$_{opt}$;

    if (*expression*) *statement*
    if (*expression*) *statement* else *statement*
    switch (*expression*) *statement*

    while (*expression*) *statement*
    do *statement* while (*expression*) ;
    for (*statement expression*$_{opt}$; *expression*$_{opt}$) *statement*

    case *constant-expression* : *statement*
    default : *statement*
    break ;
    continue ;

    return *expression*$_{opt}$;

    goto *identifier* ;
    identifier : *statement*

statement-list:

    statement
    statement statement-list

Man beachte, daß eine Deklaration eine Anweisung ist und daß es keine Zuweisungsanweisung oder Funktionsaufrufanweisung gibt. Dies sind spezielle Ausdrücke.

Der Index *opt* kennzeichnet Konstrukte, die auch ausgelassen werden können.

12.5   Tabelle der Ausdrücke

Ausdrücke werden wie folgt gebildet :

expression :

        term
        expression binary-operator expression
        expression ? *expression* : *expression*
        expression-list

expression-list :

        expression
        expression-list , *expression*

term :

        primary-expression
        unary-operator   term
        term++
        term--
        sizeof *expression*
        sizeof (*type-name*)
        (*type-name*) *expression*
        simple-type-name (*expression-list*)
        new *type-name initializer*$_{opt}$
        new (*type-name*)
        delete *expression*
        delete [*expression*] *expression*

primary-expression :

        id
        :: *identifier*
        constant
        string
        this
        (*expression*)
        primary-expression[*expression*]
        primary-expression (*expression-list*$_{opt}$)
        primary-expression . *id*
        primary-expression -> *id*

id :

        identifier
        operator-function-name
        typedef-name :: *identifier*
        typedef-name :: *operator-function-name*

operator :

      unary-operator
      binary-operator
      special-operator
      free-store-operator

binary-operator :

      `*`
      `/`
      `%`
      `+`
      `-`
      `<<`
      `>>`
      `<`
      `>`
      `==`
      `!=`
      `&`
      `^`
      `|`
      `&&`
      `||`
      assignment-operator

assignment-operator :

      `=`
      `+=`
      `-=`
      `*=`
      `/=`
      `%=`
      `^=`
      `&=`
      `|=`
      `>>=`
      `<<=`

unary-operator :

      `*`
      `&`
      `+`
      `-`
      `~`
      `!`
      `++`
      `--`

special-operator :
>()
>[]

free-store-operator :
>new
>delete

type-name :
>*decl-specifiers   abstract-declarator*

abstract-declarator :
>*empty*
>`*` *abstract-declarator*
>*abstract-declarator (argument-declaration-list*)
>*abstract-declarator* [*constant-expression*$_{opt}$]

simple-type-name :
>*typedef-name*
>char
>short
>int
>long
>unsigned
>float
>double
>void

typedef-name :
>*identifier*

13 AUFGABEN

13.1   Hinweise zur Benutzung von UNIX-Rechnern

1. Eröffnen einer Terminalsitzung :

Nach dem angezeigten Schlüsselwort **login:** die Benutzerkennung eingeben
und <CR> (Carriage Return) drücken. Beenden Sie alle Eingaben mit <CR>.
Nach dem angezeigten Schlüsselwort **password:** das Passwort eingeben.

2. Aufruf des Manuals :

Mit dem Befehl **man <kommandoname>** lassen sich Informationen über
das angegebene Kommando (z.B. cp) abrufen. Kennt man das Kommando
nicht, so lassen sich Informationen über in Frage kommende Komandos mit
dem Befehl **man -k <bel. Wort(teil)>** abrufen (z.B. Suche nach einem
Befehl zum Kopieren von Dateien: man -k cop).

3. Grundlegende Befehle zur Dateibehandlung :

```
ls     - Auflisten der Namen der Dateien im aktuellen Directory
cp     - Kopieren von Dateien
mv     - Umbenennen von Dateien
rm     - Löschen von Dateien
more   - Ausgabe einer Datei auf dem Bildschirm
```

Genauere Informationen über o.g. Befehle enthält das Manual.

Aufruf des C++-Compilers :

Der C++ Compiler wird im allgemeinen aufgerufen mit

```
CC <zu kompilierende Datei> <evtl. anzubindende Bibliothek>
   <-o <Ausgabedatei>> <-lm>
```

<zu kompilierende Datei> bezeichnet die zu übersetzende Datei. Diese muß
mit dem Suffix *.c* versehen sein;

<evtl. anzubindende Bibliothek> ist optional und gilt nur für selbst

angelegte Bibliotheken. Die Standardbibliothek (unter /usr/include/CC) wird automatisch angebunden;

<-o <Ausgabedatei>> ist ebenfalls optional. Wird der Befehl weggelassen, so wird das ausführbare Programm nach a.out geschrieben;

<-lm> bindet die Bibliothek math.h an, in welcher mathematische Funktionen (wie etwa pow(...), etc.) enthalten sind. Wird math.h im zu übersetzenden Programm nicht benötigt, sollte der Befehl weggelassen werden, um das unnötige Anbinden der Bibliothek zu vermeiden.

13.2   Übungsaufgaben

Hinweise zur Bearbeitung der Aufgaben:

Die Aufgabenreihenfolge entspricht dem Inhalt dieser Einführung. Leser, denen sowohl C als auch C++ nicht geläufig sind, sollten daher die Aufgaben in der aufgeführten Reihenfolge bearbeiten.

Aufgabe 1 :

Schreiben Sie ein Programm, welches den Satz "Mein erstes C++-Programm" auf den Bildschirm ausgibt.

Aufgabe 2 :

Schreiben Sie ein Programm, welches Fahrenheit in Celsius umrechnet und umgekehrt. Die Eingabe soll dabei interaktiv wahlweise in Celsius oder Fahrenheit erfolgen können (etwa durch Angabe eines weiteren Zeichens zur Kennzeichnung der gewünschten Umrechnungsart).
Es gilt: <Celsius> = 5/9 * (<Fahrenheit> - 32).

Aufgabe 3 :

Schreiben Sie ein Programm, welches ein Character-Zeichen interaktiv einliest und per impliziter Typkonvertierung den entsprechenden Integer-Wert wieder ausgibt.

Aufgabe 4 :

Schreiben Sie ein Programm, welches einen Vektor mit 10 Integer-Elementen interaktiv elementweise einliest und dann wieder ausgibt.

Aufgabe 5 :

Schreiben Sie ein Programm, welches die Größe (in Bytes) folgender fundamentaler Typen und Zeiger berechnet und ausgibt:
char, short int, int, long int, float, double, unsigned char, unsigned short int, unsigned int, unsigned long int, char*, short int*, int*, long int*, float*, double*.
(Hinweis : Funktion sizeof(...)).

Aufgabe 6 :

Schreiben Sie ein Programm, welches die Integer-, Oktal- und Hexadezimal-Darstellung aller druckbaren Zeichen ausgibt. Liegt EBCDIC- oder ASCII-Kodierung vor?
(Hinweis: Verwenden Sie die Funktionen *hex, oct, chr* aus *stream.h*.)

Aufgabe 7 :

Schreiben Sie ein Programm, welches mit Hilfe einer Matrix die Namen der Monate eines Jahres und die Anzahl der Tage jedes Monats für 1988 einliest (oder belegt) und wieder ausgibt.

Aufgabe 8 :

Schreiben Sie ein Programm, welches die Länge eines Strings berechnet (ohne Zuhilfenahme von Standardfunktionen).

Aufgabe 9 :

Schreiben Sie ein Programm, welches einen String in einen anderen kopiert.

Aufgabe 10 :

Schreiben Sie ein Programm, welches zwei Strings auf exakte Gleichheit überprüft.

Aufgabe 11 :

Schreiben Sie ein Programm, welches zwei Strings konkateniert, d.h aneinanderhängt.

Aufgabe 12 :

Schreiben Sie ein Programm, welches einen String in umgekehrter Reihenfolge wieder ausgibt.

Aufgabe 13 :

Definieren Sie einen Typ "Matrix von Integern" mit konstanter Anzahl von Spalten und Zeilen. Implementieren Sie folgende Funktionen auf dieser Matrix (und testen Sie ihr Programm mit einer beliebigen Belegung der Matrizen):

a) Addition zweier Matrizen

b) Multiplikation einer Matrix mit einem Skalar

c) Multiplikation einer Matrix mit einem Vektor (die Anzahl der Vektorelemente muß gleich der Anzahl der Spalten der Matrix sein; das Ergebnis ist ein Vektor, dessen Anzahl von Elementen gleich der Anzahl der Zeilen der Matrix ist!).

Aufgabe 14 :

Schreiben Sie ein Programm, welches einen Vektor von Charaktern (string), in dem die Ziffern ´0´ bis ´9´ und die Vorzeichen ´+´ und ´-´ auftreten dürfen, in eine Integerzahl umwandelt und umgekehrt.

Aufgabe 15 :

Schreiben Sie ein Programm, welches einen String solange einliest, bis ein ´?´ eingegeben wird und anschließend die Länge des Strings ausgibt.

Aufgabe 16 :

Setzen Sie die korrekte Klammerung, für folgende Ausdrücke, gemäß der
im Anhang in der Operatorentabelle angegebenen Prioritäten und unter
Berücksichtigung der Links- bzw. Rechtsassoziativität der Operatoren:

```
1)      a = b + c * d << 2 & 8
2)      a & 077 != 3
3)      a == b || a == c && c < 5
4)      c = x != 0
5)      0 <= i < 7
6)      f(1,2) + 3
7)      a = - 1 + + b -- - 5
8)      a = b = c = 0
9)      a[4] [2] *= * b ? c : * d * 2
10)     a - b, c = d
11)     *p++
12)     * -- p
13)     ++a--
14)     (int*) p -> m
15)     *p.m
16)     *a[i]
```

Aufgabe 17 :

Schreiben Sie ein Codierungs-Programm, welches von "cin" liest und die
kodierten Zeichen nach "cout" schreibt. Benutzen Sie das folgende einfache
Kodierungsschema : Die kodierte Form eines Zeichens c ist c^key[i] (d.h.
bitweises exor), wobei key ein string ist, der vom Benutzer eingegeben
wird. Die Zeichen in key sollen in zyklischer Weise verwendet werden, bis
die gesamte Eingabe gelesen ist. Das wiederholte Kodieren eines bereits
kodierten Textes produziert den Originaltext. Wird kein key angegeben,
soll auch keine Kodierung durchgeführt werden.

Aufgabe 18 :

Schreiben Sie folgende while-Anweisung in eine äquivalente
for-Anweisung um.

```
i = 0;
while (i < max_length)
{   cin >> ch;
    if (ch == '?') quest_count++;
    i++;
}
```

<u>Aufgabe 19 :</u>

Integrieren Sie die Aufgaben 8 - 12 zur Stringbehandlung in ein einziges Programm, nun unter Verwendung von Funktionen für jede einzelne Operation. Rufen Sie jede Funktion mindestens einmal im Hauptprogramm auf.

<u>Aufgabe 20 :</u>

Schreiben Sie eine Funktion, die die Werte zweier Integer-Variablen vertauscht. Benutzen Sie einmal int* und einmal int& als Parametertyp.

<u>Aufgabe 21 :</u>

Schreiben Sie ein Programm, welches eine Liste von Monaten des Jahres anlegt und in jedem Listenelement den Namen des Monats und die Anzahl seiner Tage einträgt und anschließend wieder ausgibt (vgl. mit Aufgabe 7).

<u>Aufgabe 22 :</u>

Definieren Sie die Datenstruktur eines "Binärbaumknotens" mit Hilfe von "struct" und implementieren Sie folgende Funktionen für Binärbäume (und testen Sie ihr Programm mit einer beliebigen Belegung des Baums):

Preorder - Durchlauf

Inorder - Durchlauf

Postorder - Durchlauf

<u>Aufgabe 23 :</u>

Definieren Sie eine Struktur "stack-element", die einen Inhalt besitzt (vom Typ char) und einen Verweis auf das nächste Stack-Element. Implementieren Sie dann die üblichen Stack-Operatoren:

top   -   liefert den Inhalt des obersten Stack-Elementes.
push   -   legt ein Element (oben) auf dem Stack ab.
pop   -   entnimmt dem Stack das oberste Element.

Aufgabe 24 :

Definieren Sie eine Klasse "Matrix", wobei die Matrix aus einer konstanten Anzahl von Zeilen und Spalten besteht und ein Element der Matrix vom Typ double ist. Die Anzahl der Zeilen soll der Anzahl der Spalten entsprechen (quadratische Matrizen). Die Elemente der Matrix sollen nur durch folgende Prozeduren zugreifbar sein:

double get_mat(int i,int j):
liefert das unter (i,j) eingetragene Element;

void put_mat(int i,int j,double contents):
trägt den Wert von content unter (i,j) ein.

Implementieren Sie dann folgende Funktionen:
- Addition zweier Matrizen
- Multiplikation zweier Matrizen
- Determinante einer Matrix.

Aufgabe 25 :

Definieren Sie eine Klasse Histogramm, welche als Datenelemente die linke und die rechte Grenze eines Intervalls natürlicher Zahlen enthält. Die Intervallgrenzen sollen interaktiv eingegeben werden können und sollen als Parameter für den Konstruktor der Klassenobjekte spezifiziert werden. Der Konstruktor soll festlegen, daß das Intervall höchstens 50 Zahlen - beginnend ab der linken Intervallgrenze - umfassen soll. Definieren sie dann eine Member-Funktion, die die Anzahl der durch a (a = 1,...,5) ganzzahlig teilbaren Zahlen in diesem Intervall bestimmt und das Ergebnis als Histogramm ausdruckt, d.h. für die jeweiligen Anzahlen, der durch a teilbaren Zahlen, wird ein Histogrammbalken ausgegeben; die Histogramm-balkenlänge entspricht der ermittelten Anzahl teilbarer Zahlen. Achten Sie bei der interaktiven Eingabe der Intervallgrenzen auf mögliche Einschrän-kungen (z.B.: nur positive Zahlen, untere Intervallgrenze muß kleiner gleich der oberen sein, etc.).

Aufgabe 26 :

Definieren Sie eine Klassenhierarchie der Art "Employee, Manager, Director, President".

Employee besitze als Member "name", "salary", "age" und einen Verweis auf den nächsten Angestellten.

Manager besitze zusätzlich einen Verweis auf eine Liste von Namen "untergebener" Angestellter.

Director besitze weiterhin zusätzlich einen Member "directed_department" und einen Verweis auf eine Liste von Namen "untergebener" Manager.

President schließlich besitze zusätzlich einen Verweis auf eine Liste von Namen "untergebener" Direktoren und einen Member namens "Swiss_bank_account_no".

Erzeugen Sie 4 Angestellte, 2 Manager, 2 Direktoren und 1 Präsident mit der "Untergebenen"-Hierarchie

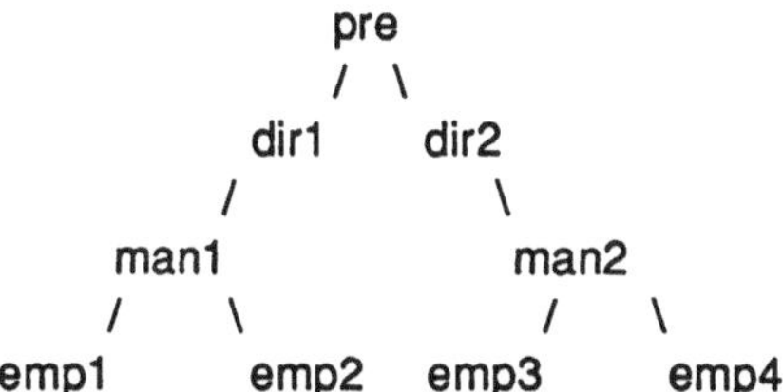

und belegen Sie die Member mit sinnvollen Werten.

Implementieren Sie dann eine Funktion "print", die die Employee-Daten eines jeden Angestellten ausdruckt und dabei auch festhält, welche Funktion die jeweiligen Angestellten ausüben und welche "Untergebenen" sie besitzen (Man beachte, daß auch Manager, Direktoren und Präsidenten Angestellte sind).

14 MUSTERLÖSUNGEN

Dieses Kapitel enthält zu jeder in Kapitel 13 gestellten Aufgabe einen Lösungsvorschlag. Sinnvollerweise sollten diese Musterlösungen jedoch erst nach eigenen Lösungsversuchen überprüft werden. Gleichzeitig bieten diese Lösungen dank ihrer Ausführlichkeit auch ein wichtiges und schnelles Nachschlagewerk für Probleme praktischer Art. Sämtliche Lösungen sind nicht im Hinblick auf Effizienz entworfen worden, sondern orientieren sich am fortschreitenden Wissensstand gemäß dem im Hauptteil dieses Buches dargestellten Stoffs. So sind etwa zur Lösung der ersten Aufgaben nur Kenntnisse der vorderen Kapitel notwendig.

Lösung für Aufgabe 1

```
#include <stream.h>

main()
{
  cout << "Mein erstes C++-Programm\n";
}
```

Lösung für Aufgabe 2

```
#include <stream.h>

/* Dieses Programm konvertiert Fahrenheit in Celsius und umgekehrt */

const float factor      = 9.0/5.0;
char  character         = 0;
int fehler              = 0;
float   x               = 0, fahrenheit = 0, celsius = 0;

main ()
{
  cout    << "Bitte geben Sie eine Ganze Zahl in folgender Form ein :\n "
          << "\nZahl Umwandlungsversion (f fuer Celsius    --> Fahrenheit"
          << "\n                                c fuer Fahrenheit --> Celsius)";
```

```
  cout    << "\n\nEingabe Zahl      --> ";
  cin     >> x;
  cout    << "\n\nUmwandlungsversion --> ";
  cin     >> character;
  cout    << "\n";
  if (character == 'f')
  {
    fahrenheit    = (factor * x) + 32;
    celsius       = x;
  }
  else
  if (character == 'c')
  {
    celsius        = (x - 32) / factor;
    fahrenheit     = x;
  }
  else
  {
    fehler = 1;
    cout << "Falsche Eingabe!!\n\n";
  }
  if (fehler == 0)
  cout << celsius << " Grad Celsius = " << fahrenheit << " Grad Fahrenheit\n";
}
```

Lösung für Aufgabe 3

```
#include <stream.h>

/* Dieses Programm liest ein Character-Zeichen interaktiv ein und gibt es
   anschliessend per impliziter Typkonvertierung wieder aus.  */

main()
{
  int i    = 0;
  cout    << "Test fuer implizite Typkonversion\n\n";
  cout    << "Geben Sie ein Character ein  --> ";
  cin     >> i;
  cout    << "\nUmwandlung in Integerzahl ergibt: " << i << " \n";
}
```

Lösung für Aufgabe 4

```
#include <stream.h>

/*Dieses Programm liest einen Vektor mit 10 Integer-Elementen
   interaktiv elementweise ein und gibt ihn anschliessend wieder aus.  */

 int vektor[10];
 int i = 0;

main()
{
 cout << "Geben sie einen Vektor elementweise ein  \n";
 while (i <= 9)
 {
  cin >> vektor[i];
  i++;
 }
 i = 0;
 while (i <= 9)
 {
  cout << " " << vektor[i];
  i++;
 }
 cout << " \n";
}
```

Lösung für Aufgabe 5

```
#include <stream.h>

/* Dieses Programm druckt die Groessen aller fundamentaler Typen und
   Zeiger mittels der Funktion sizeof().  */

main ()
{
 char ch              = 0;    short sh             = 0;    int in          = 0;
 long lo              = 0;    float fl             = 0;    double dou    = 0;
 unsigned char uch    = 0;    unsigned short ush   = 0;    unsigned uin  = 0;
 unsigned long ulo    = 0;    char* chp            = &ch;  short* shp    = &sh;
```

```
int* inp                = &in;    long* lop              = &lo;   float* flp        = &fl;
double* dop             = &dou;

cout << "Groesse der fundamentalen Typen und Zeiger : \n\n";
cout << "char                        : " << sizeof(ch)       << "\n";
cout << "short                       : " << sizeof(sh)       << "\n";
cout << "int                         : " << sizeof(in)       << "\n";
cout << "long                        : " << sizeof(lo)       << "\n";
cout << "float                       : " << sizeof(fl)       << "\n";
cout << "double                      : " << sizeof(dou)      << "\n";
cout << "unsigned char               : " << sizeof(uch)      << "\n";
cout << "unsigned short              : " << sizeof(ush)      << "\n";
cout << "unsigned long               : " << sizeof(ulo)      << "\n";
cout << "character pointer           : " << sizeof(chp)      << "\n";
cout << "short int pointer           : " << sizeof(shp)      << "\n";
cout << "integer pointer             : " << sizeof(inp)      << "\n";
cout << "long int pointer            : " << sizeof(lop)      << "\n";
cout << "float pointer               : " << sizeof(flp)      << "\n";
cout << "double pointer              : " << sizeof(dop)      << "\n";
}
```

Lösung für Aufgabe 6

```
#include <stream.h>

/* Dieses Programm gibt die Integer-, Oktal- und Hexadezimaldarstellung
   aller druckbaren Zeichen aus (ASCII-Code).   */

main ()
{
  int count;
  cout << "Character Integer Oktal Hexadezimal  ";
  cout << "Character Integer Oktal Hexadezimal\n\n";
  for ( count = 33; count < 80; count++)
  {
    cout << chr(count)          << "      "           << count          << "    ";
    cout << oct(count)          << "    "              << hex(count)     << "        ";
    cout << chr(count + 48)     << "      "            << count + 48;
    cout << "      "            << oct(count + 48)     << "  ";
    cout << hex(count + 48)     << "\n";
  }
}
```

Lösung für Aufgabe 7

```
#include <stream.h>

/* Dieses Programm belegt eine Matrix mit den Namen der Monate
   und der Anzahl der Tage fuer 1988. */

char months_and_days[2][12][10]
    = {  "Januar", "Februar ", "Maerz",  "April", "Mai", "Juni", "July", "August",
         "September", "Oktober", "November", "Dezember",
         "31", "29", "31", "30", "31", "30", "31", "31", "30", "31", "30", "31"
      };

main ()
{
  cout << "Monate     Tage       1988\n\n";
  for ( int i = 0; i < 12; i++)
     cout << months_and_days[0][i] << " : " << months_and_days[1][i] << "\n";
}
```

Lösung für Aufgabe 8

```
#include <stream.h>

/* Dieses Programm zaehlt die Laenge eines Strings.     */

  char  string[100];
  int   count     = 0;
  char* p         = &string[0];

main()
{
   cout  << "Bitte String eingeben --> ";
   cin   >> string;
   while (*p++) count++;
   cout << "\nLaenge des Strings   --> " << count << "\n";
}
```

Lösung für Aufgabe 9

```
#include <stream.h>

/* Dieses Programm kopiert einen String in einen anderen.   */

 char string1[100]                        , string2[100];
 char *p1 = &string1[0]                   , *p2 = &string2[0];

main()
{
   cout  << "Bitte String eingeben --> ";
   cin   >> string1;
   while (*p1) *p2++ = *p1++;
   *p2 = '\0';
   cout << "Inhalt des zweiten Strings   --> " <<  string2 << "\n";
}
```

Lösung für Aufgabe 10

```
#include <stream.h>

/* Dieses Programm vergleicht zwei Strings.   */

 char string1[100]                       , string2[100];
 char *p1 = &string1[0]                  , *p2 = &string2[0];

main()
{
   cout  << "Bitte String1 eingeben        --> ";
   cin   >> string1;
   cout  << "\nBitte String2 eingeben       --> ";
   cin   >> string2;
   while (*p1 == *p2)
   {
      if (*p1 == '\0') break;
      p1++;
      p2++;
   }
   if (*p2 || *p1)      cout << "\nDie Strings sind verschieden!\n";
   else                 cout << "\nDie Strings sind identisch!\n";
}
```

Lösung für Aufgabe 11

```
#include <stream.h>

/* Dieses Programm konkateniert zwei Strings.    */

  char string1[100]              , string2[100]          , string3[200];
  char *p1 = &string1[0]         , *p2 = &string2[0]     , *p3 = &string3[0];

main()
{
  cout  << "Bitte String1 eingeben      --> ";
  cin   >> string1;
  cout  << "\nBitte String2 eingeben      --> ";
  cin   >> string2;
  while (*p1) *p3++ = *p1++;
  while (*p2) *p3++ = *p2++;
  *p3 = '\0';
  cout  << "\nKonkatenation der Strings ist  --> " << string3 << "\n";
}
```

Lösung für Aufgabe 12

```
#include <stream.h>

/* Dieses Programm spiegelt die Zeichen eines Strings.    */

  char string1[100]              , string2[100];
  char *p1      = &string1[0]    , *p2 = &string2[0];
  char *lauf    = &string1[0];

main()
{
  cout  << "Bitte String eingeben     --> ";
  cin   >> string1;
  while (*lauf) lauf++;
  lauf--;
  while (lauf >= p1) *p2++ = *lauf--;
  *p2 = '\0';
  cout << "Spiegelung des Strings    --> " << string2 << "\n";
}
```

Lösung für Aufgabe 13

```
#include <stream.h>

/*Dieses Programm fuehrt folgende Operationen auf Matrizen mit
   konstanter Anzahl von Zeilen und Spalten durch :
   - Addition zweier Matrizen
   - Multiplikation einer Matrix mit einem Skalar
   - Multiplikation einer Matrix mit einem Vektor      */


const int rows     = 5;
const int cols     = 4;


/* Man beachte, dass der Bereich der Matrix folgender ist:[0..4] x [0..3] */
   typedef int matrix[rows][cols];
   typedef int vector_cols[cols];
   typedef int vector_rows[rows];


matrix inp1,inp2,out;
vector_cols v_inp;
vector_rows v_out;
int scalar=10;


void add_two_matrices(matrix inp1, matrix inp2, matrix outp)
{
  for (int i=0; i < rows; i++)
     for (int j=0; j < cols; j++) outp[i][j] = inp1[i][j] + inp2[i][j];
}


void mult_matrix_with_scalar(matrix inp, matrix out, int factor)
{
  for (int i=0; i < rows; i++)
     for (int j=0; j < cols; j++) out[i][j] = factor * inp[i][j];
}


void mult_matrix_with_vector(        matrix inpm, vector_cols inpv,
                                     vector_rows outv)
{
  for (int i=0; i < rows; i++)
  {
    outv[i] = 0;
    for (int j=0; j < cols; j++) outv[i] = inpv[j] * inpm[i][j] + outv[i];
  }
}
```

```cpp
// Prozedur zum Ausdrucken einer Matrix
void print_matrix(matrix m)
{
  cout << "\n";
  for (int i=0; i < rows; i++)
  {
    for (int j=0; j < cols; j++) cout << m[i][j] << " \t";
    cout << "\n";
  }
  cout << "\n";
}


// Prozedur zum Ausdrucken eines Vektors
void print_vector(int* v, int dim)
{
  cout << "\n";
  for (int i=0; i < dim; i++) cout << v[i] << " \t";
  cout << "\n\n";
}

main()
{
 // Initialisierung der Matrizen
 for (int i=0; i < rows; i++)
    for (int j=0; j < cols; j++)
    {
      inp1[i][j]    = i+j;
      inp2[i][j]    = i*j;
      out[i][j]     = 0;
    }

 // Initialisierung der Vektoren
 for (int j=0; j < cols; j++)
 {
  v_inp[j]   = j;
  v_out[j]   = 0;
 }


 // Test
 cout   << "\nEingabematrizen: \n";
 print_matrix(inp1);
 print_matrix(inp2);
 add_two_matrices(inp1, inp2, out);
 cout   << "\nSumme der Matrizen: \n";
 print_matrix(out);
```

```
  cout   << "\n\n\n\nEingabematrix: \n";
  print_matrix(inp1);
  cout   << "\nmultipliziert mit dem Skalar " << scalar << " ergibt: \n";
  mult_matrix_with_scalar(inp1, out, scalar);
  print_matrix(out);

  cout   << "\n\n\n\nEingabematrix: \n";
  print_matrix(inp2);
  cout   << "\nmultipliziert mit dem Vektor \n";
  print_vector(v_inp, cols);
  cout   << "\nergibt\n";
  mult_matrix_with_vector(inp2, v_inp, v_out);
  print_vector(v_out, rows);
}
```

Lösung für Aufgabe 14

```
#include <stream.h>

/* Dieses Programm wandelt einen String, in dem die Ziffern '0' bis '9' und
   die Vorzeichen '+' und '-' auftreten duerfen, in eine Integerzahl um und
   umgekehrt. */

char string[80];
int wert;

int str_to_int (char *string)
{
  int sign = 1, wert = 0;
  if ((*string == '+') || (*string == '-'))
  {
    if (*string == '-') sign = -1;
    string++;
  }
  while ((*string >= '0') && (*string <= '9'))
  {
    wert *= 10;
    wert += (*string - '0');
    string ++;
  }
  return (sign * wert);
}
```

```cpp
void int_to_str ( int wert, char* string)
{
  int ziffer;
  char hilf[80], *p, *anfang;
  p         = &hilf[0];
  anfang  = p;
  if (wert < 0)
  {
    wert          = -wert;
    *string++ = '-';
  }
  if (!wert)
  {
    *string++   = '0';
    *string       = 0;
    return;
  }

/*Der String p nimmt die Zeichen zuerst in umgekehrter Reihenfolge auf.
   Danach werden sie umgekehrt nach s kopiert.  */

  while (wert)
  {
    ziffer      = wert % 10;
    wert        /= 10;
    *p++        = ziffer + '0';
  }
  while (p != anfang) *string++ = *--p;
  *string      = 0;
  return;
}


main()
{
  cout    << "Bitte String eingeben --> ";
  cin     >> string;
  cout    << "\nIntegerzahl lautet : " << str_to_int(string) << "\n\n";
  cout    << "Bitte Zahl eingeben  --> ";
  cin     >> wert;
  int_to_str(wert, string);
  cout    << "\nString lautet    : " << string << "\n";
}
```

<u>Lösung für Aufgabe 15</u>

```
#include <stream.h>

/* Dieses Programm liest einen String ein bis zum Auftreten eines
   Fragezeichens und bestimmt seine Laenge.  */

char string [200];
char *p           = &string[0];
char abbruch     = '?',  zeichen;
int laenge        = 0,   hilf = 1;

main()
{
  cout << "\nGeben Sie einen String ein ( max. 200 Zeichen).\n";
  cout << "Abbruchbedingung : Eingabe eines '?' ! \n" << "Eingabe          : ";

  do
  {
   cin >> zeichen;
   *p  = zeichen;
   if (zeichen == abbruch) hilf = 0;
   laenge++;
   if (laenge > 200) hilf = 0;
   p++;
  }
  while (hilf);

  laenge--;
  *p = '\0';
  cout   << "\n\nDer String '" << string << "' ist " << laenge
         << " Zeichen lang.\n\n";
}
```

<u>Lösung für Aufgabe 16</u>

```
1)      a = ((( b + (c * d )) << 2 ) & 8 )
2)      a & ( 077 != 3 )
3)      ( a == b ) || (( a == c ) && ( c < 5 ))
4)      c = ( x != 0 )
```

5)   (0 <= i) < 7

/* Wegen Linksassoziativitaet binaerer Operatoren gleicher Prioritaet */

6)   (f(1,2)) + 3

7)   a = (((-1) + (+ (b--)) - 5)

/* Bei einigen Compilern kann es passieren, dass das unaere Plus (bei
(+(b--)) nicht implementiert ist. Trotzdem ist dieser Ausdruck korrekt.
Verwendet man ein unaeres Minus (also -b--), so laesst sich die
Korrektheit des Ausdrucks im allgemeinen mit allen Compilern
ueberpruefen. */

8)   a = (b = (c = 0))
9)   (a[4][2]) *= ((*b) ? (c) : ((*d) * 2))
10)   (a - b) , (c = d)
11)   *(p++)
12)   *(--p)
13)   ++a--

/* ist immer ein Compiler-Fehler, egal ob man und wie man klammert. Dies
liegt daran, dass sich beispielsweise bei ++(a--) das ++ auf einen
Ausdruck bezieht und nicht auf eine Speicherzelle (kein lvalue). Ein ++
auf einen Ausdruck kann man aber nicht ausfuehren. */

14)   (int*) (p -> m)
15)   *(p.m)
16)   *(a[i])

Lösung für Aufgabe 17

#include <stream.h>

/* Dieses Programm kodiert Strings. Die Basis (das Schluesselwort) fuer
die Kodierung ist der String *key*, und der zu kodierende String ist der
String *normal*. Eine bitweise exor-Funktion wird auf den Zeichen beider
Strings ausgefuehrt, wobei *key* in einer zyklischen Weise verwendet
wird, bis alle Zeichen von *normal* gelesen worden sind. Dekodierung wird
einfach durch wiederholte Kodierung des bereits kodierten Textes mit
gleichem Schluesselwort *key* ausgefuehrt. Kombinationen von
Buchstaben, die in etwa die gleiche Position im ASCII-Code haben,
produzieren haeufig nicht darstellbare Zeichen! */

```cpp
char  keys[100];
char  normal[100];
char* hlp[100];

char* encrypt(char* normal, char* key, int length)
{
  int i = 0;
  int z = 0;
  char* help = new char[100];
 while (normal[i] != '\0')
  {
   if ( z == length) z = 0;
   help[i] = (normal[i]^key[z]);
   z++;
   i++;
  }
  help[i] = '\0';
  return help;
}


main()
{
  cout   << "              KODIERUNGS-PROGRAM !!\n\n\n";
  cout   << "Vorsicht: Kombinationen von Buchstaben, die in etwa die\n";
  cout   << "gleiche Position im ASCII-Code haben, fuehren haeufig zu\n";
  cout   << "nicht darstellbaren Zeichen!!\n\n";
  cout   << "Geben Sie einen String als Schluesselwort fuer die \n";
  cout   << "Kodierung ein \n(Maximum ist 99 Buchstaben): \n\n" << "--> ";
  cin    >> keys;
  cout   << "\nGeben Sie einen String, den Sie kodieren wollen\n";
  cout   << "(Maximum ist 99 Buchstaben)  : \n\n" << "--> ";
  cin    >> normal;
  cout   << "\nDer kodierte String lautet : "
         << encrypt(normal, keys, strlen(keys)) << "\n";
  cout   << "\nDer dekodierte String lautet : "
         << encrypt(encrypt(normal,keys,strlen(keys)),keys,strlen(keys))
         << "\n";
}
```

Lösung für Aufgabe 18

```cpp
#include <stream.h>

/* Dieses Programm enthaelt aequivalente for- und while-Anweisungen.*/

main ()
{
  char ch;
  int quest_count     = 0, max_length = 10, i;

  for (i = 0; i < max_length; i++)  // for-Anweisung
  {
    cin >> ch;
    if (ch == '?') quest_count++;
  }
  cout    << "Anzahl der ?'s in dem input string der "
          << "Laenge " << max_length << ": "     << quest_count << "\n";


  quest_count = 0;    // aequivalente while-Anweisung
  i = 0;
  while (i < max_length)
  {
    cin >> ch;
    if (ch == '?') quest_count++;
    i++;
  }
  cout    << "Anzahl der ?'s in dem input string der "
          << "Laenge" << max_length << ": "     << quest_count << "\n";
}
```

Lösung für Aufgabe 19

```cpp
#include <stream.h>

/* Dieses Programm
      - zaehlt die Laenge eines Strings mit Funktion countstring
      - kopiert einen String in einen anderen mit Funktion copystring
      - vergleicht zwei Strings mit Funktion comparestrings
      - konkateniert zwei Strings mit Funktion cat
```

```
  - spiegelt die Zeichen eines String mit Funktion rev
  Vgl. Aufgaben 8 - 12    */

char string1[100]                    , string2[100];
char *p1 = &string1[0]               , *p2 = &string2[0];

void countstring(char *string1)
{
  char *p1    = &string1[0];
  int count   = 0;
  while (*p1++) count++;
  cout << "\nLaenge von String1           --> " << count << "\n";
}

void copystring(char *string1)
{
  char string2[100];
  char *p1 = &string1[0], *p2 = &string2[0];
  while (*p1) *p2++ = *p1++;
  *p2 = '\0';
  cout << "\nInhalt des kopierten Strings   --> " << string2 << "\n";
}

void comparestrings(char *string1, char *string2)
{
  char *p1 = &string1[0], *p2 = &string2[0];
  while (*p1 == *p2)
  { if (*p1 == '\0') break;
      p1++;
      p2++;
  }
  if (*p2 || *p1)       cout << "\nString1 und String2 sind verschieden!\n";
  else                  cout << "\nString1 und String2 sind identisch!\n";
}

void cat(char *string1, char *string2)
{
  char string3[200];
  char *p1 = &string1[0], *p2 = &string2[0], *p3 = &string3[0];
  while (*p1) *p3++ = *p1++;
  while (*p2) *p3++ = *p2++;
  *p3 = '\0';
  cout << "\nKonkatenation von String1 und String2";
  cout << "\nergibt                   --> " << string3 << "\n";
}
```

```cpp
 void rev(char *string1)
 {
  char string2[100];
  char *p1 = &string1[0], *p2 = &string2[0];
  char *lauf;
  lauf = &string1[0];
  while (*lauf) lauf++;
  lauf--;
  while (lauf >= p1) *p2++ = *lauf--;
  *p2 = '\0';
  cout << "\nSpiegelung von String1        --> " << string2 << "\n";
 }


main()
{
 cout    << "Bitte String1 eingeben        --> ";
 cin     >> string1;
 cout    << "\nBitte String2 eingeben      --> ";
 cin     >> string2;
 countstring(string1);
 copystring(string1);
 comparestrings(string1, string2);
 cat(string1, string2);
 rev(string1);
}
```

Lösung für Aufgabe 20

```cpp
#include <stream.h>

/*  Dieses Programm vertauscht den Inhalt zweier Integer-Variablen.
    Einmal wird int* und einmal int& als Parametertyp verwendet. */

int wert1, wert2;

void swap1(int* a, int* b)
{
 int help;
 help    = *a;
 *a      = *b;
 *b      = help;
}
```

```
void swap2(int& a, int& b)
{
 int help;
 help   = a;
 a      = b;
 b      = help;
}


main()
{
 cout    << "\n1. Wert --> : ";
 cin     >> wert1;
 cout    << "2. Wert --> : ";
 cin     >> wert2;
 swap1(&wert1, &wert2);
 cout    << "\nVertauschte Werte : \n";
 cout    << "1. Wert : " << wert1 << "  2. Wert : " << wert2 << "\n\n";
 swap2(wert1, wert2);
 cout    << "\nNochmal vertauschte Werte : \n";
 cout    << "1. Wert : " << wert1 << "  2. Wert : " << wert2 << "\n\n";
}
```


Lösung für Aufgabe 20 (zweiter Lösungsvorschlag)


```
#include <stream.h>

/*  Dieses Programm vertauscht den Inhalt zweier Integer-Variablen.
    Einmal wird int* und einmal int& als Parametertyp verwendet.
    Eine Hilfsvariable zum Vertauschen wird hier nicht benoetigt.   */

int wert1, wert2;

void swap1(int* a, int* b)
{
 *a ^= *b ^= *a, *b ^= *a;
}


void swap2(int& a, int& b)
{
 a ^= b ^= a, b ^= a;
}
```

```
main()
{
 cout    << "\n1. Wert --> : ";
 cin     >> wert1;
 cout    << "2. Wert --> : ";
 cin     >> wert2;
 swap1(&wert1, &wert2);
 cout    << "\nVertauschte Werte : \n";
 cout    << "1. Wert : " << wert1 << " 2. Wert : " << wert2 << "\n\n";
 swap2(wert1, wert2);
 cout    << "\nNochmal vertauschte Werte : \n";
 cout    << "1. Wert : " << wert1 << " 2. Wert : " << wert2 << "\n\n";
}
```

Lösung für Aufgabe 21

```
#include <stream.h>

/*  Dieses Programm legt eine Liste von Monaten des Jahres an, wobei
    jedes Listenelement den Monatsnamen und die Anzahl der Tage des
    Monats enthaelt.  */

 struct month_and_number_of_days
    {
        char* month;
        int day;
        month_and_number_of_days* next;
    };

 month_and_number_of_days* main_pointer;
 month_and_number_of_days* run;

main ()
{
 main_pointer = new month_and_number_of_days;
 run = main_pointer;        run->month = "Januar  ";        run->day = 31;
 run->next = new month_and_number_of_days;
 run = run->next;           run->month = "Februar ";        run->day = 29;
 run->next = new month_and_number_of_days;
 run = run->next;           run->month = "Maerz   ";        run->day = 31;
 run->next = new month_and_number_of_days;
 run = run->next;           run->month = "April   ";        run->day = 30;
```

```
run->next = new month_and_number_of_days;
run = run->next;           run->month = "Mai      ";        run->day = 31;
run->next = new month_and_number_of_days;
run = run->next;           run->month = "Juni     ";        run->day = 30;
run->next = new month_and_number_of_days;
run = run->next;           run->month = "Juli     ";        run->day = 31;
run->next = new month_and_number_of_days;
run = run->next;           run->month = "August   ";        run->day = 31;
run->next = new month_and_number_of_days;
run = run->next;           run->month = "September";        run->day = 30;
run->next = new month_and_number_of_days;
run = run->next;    run->month = "Oktober  ";               run->day = 31;
run->next = new month_and_number_of_days;
run = run->next;           run->month = "November ";        run->day = 30;
run->next = new month_and_number_of_days;
run = run->next;           run->month = "Dezember ";        run->day = 31;
run->next = 0;             //Endemarkierung der Liste

run = main_pointer;

cout << "Monat      Tage     1988\n\n";
while (run)
{
  cout << run->month << " : " << run->day << "\n";
  run = run->next;
}
}
```

<u>Lösung für Aufgabe 22</u>


```
#include <stream.h>

/*  Dieses Programm definiert die Structure eines Baumknotens und fuehrt
    folgende Traversionsoperationen auf einem speziell dafuer definierten
    Baum aus :
                    - preorder
                    - inorder
                    - postorder     */
```

```cpp
struct tnode
{
  int contents;
  tnode* left;
  tnode* right;
};

tnode* create()
{
/*    Diese Funktion kreiert ein neues Element vom Typ tnode und
      initialisiert es       */
  tnode* t;
  t                = new tnode;
  t->contents   = 0;
  // Initialisierung zweier Zeiger auf 'nil'
  t->left          = 0;
  t->right         = 0;
  // Uebergabe eines Zeigers auf das kreierte Objekt
  return t;
}

void print_node(tnode* pointer)
{
  if (pointer) cout << "\nInhalt des Knotens ist  " << pointer->contents;
}

void preorder(tnode* pointer)
{
  if (pointer)
  {
    print_node(pointer);
    preorder(pointer->left);
    preorder(pointer->right);
  }
}

void inorder(tnode* pointer)
{
  if (pointer)
  {
    inorder(pointer->left);
    print_node(pointer);
    inorder(pointer->right);
  }
}
```

```cpp
void postorder(tnode* pointer)
{
  if (pointer)
  {
    postorder(pointer->left);
    postorder(pointer->right);
    print_node(pointer);
  }
}

main()
{
  tnode* root;     // Definition der Wurzel
  tnode* run;      // Hilfszeiger

  /*  Der folgende binaere Baum von Integern wird erzeugt:

           1
          / \
         2   3
        / \   \
       4   5   6
      /
     7
    /\
   8 9
  */

  root = create();
  root->contents = 1;

  // Kreieren des linken Unterbaums
  root->left = create();      run = root->left;       run->contents = 2;
  run->left = create();       run->right = create();  run->right->contents = 5;
  run = run->left;            run->contents = 4;       run->left = create();
  run = run->left;            run->contents = 7;       run->left = create();
  run->right = create();      run->left->contents = 8; run->right->contents = 9;

  // Kreieren des rechten Unterbaums
  root->right = create();     run = root->right;      run->contents = 3;
  run->right = create();      run->right->contents = 6;

  cout << "preorder: " << "\n";
  preorder(root);
  cout << "\n\n\n";
```

```
  cout << "inorder: " << "\n";
  inorder(root);
  cout << "\n\n\n";

  cout << "postorder: " << "\n";
  postorder(root);
  cout << "\n\n\n";
}
```

Lösung für Aufgabe 23

```
#include <stream.h>
```

```
/*  Dieses Programm definiert die Structure eines Stack-Objekts und
    fuehrt die bekannten Funktionen push und pop durch.
    In der Funktion main kann der Benutzer eine beliebige Anzahl von
    Charactern eingeben, die auf den Stack gelegt und spaeter wieder vom
    Stack genommen werden.           */

  struct stack_object
  {
    char contents;
    stack_object* next;
  };
  stack_object* stack;

/*  Die Funktion create erzeugt ein neues Stack-Element und initialisiert
    seine Member.       */

  stack_object* create()
  {
    stack_object* s;
    s = new stack_object;
    s->contents    = ' ';
    s->next        = 0;
    return s;
  }

  void print_stack_object(stack_object* pointer)
  {
    if (pointer) cout << "\nInhalt ist  " << chr(pointer->contents) << "\n";
  }
```

```cpp
/*  Die Funktion top liefert einen Zeiger auf das oberste Stack-Element
    ohne es vom Stack zu loeschen.        */

stack_object* top(stack_object* st)
{
   return st;
}

void push(stack_object*& stack, char cont)
// call by reference
{
  stack_object* s;
  s = create();
  s->contents     = cont;
  s->next         = stack;
  stack           = s;
}

void pop(stack_object*& stack)
// call by reference
{
  stack_object* s;
  s          = stack;
  stack      = stack->next;
  s->next    = 0;
  delete s;
}

main()
{
  char inp;
  cout     << "Geben Sie bitte Characters ein (0=Ende) \n";
  cin      >> inp;
  while (inp != '0')
  {
    push(stack,inp);
    cin >> inp;
  }
  // Ausgabe und Loeschen des Stacks
  while (stack)
  {
    print_stack_object(top(stack));
    pop(stack);
  }
}
```

Lösung für Aufgabe 24

```
#include <stream.h>

/*   Dieses Programm definiert eine Klasse Matrix mit konstanter und
     gleicher Anzahl von Zeilen und Spalten und besitzt folgende
     oeffentliche Operationen
             - Zugriff auf ein Matrix-Element
             - Eintrag eines Matrix-Elements
     Weiterhin werden folgende Funktionen auf Matrizen implementiert
             - Addition zweier Matrizen
             - Multiplikation zweier Matrizen
             - Berechnung der Determinante einer Matrix         */

const int rows_and_cols = 3;
typedef double mat[rows_and_cols][rows_and_cols];

class matrix
{ // Definition der Klasse Matrix
  mat m;
  public:
  // oeffentliche Funktionen
  double get_mat(int,int);
  void put_mat(int,int,double);
};

double matrix :: get_mat(int i,int j)
{
  return m[i][j];
}

void matrix :: put_mat(int i, int j, double contents)
{
  m[i][j] = contents;
}

void print_matrix(matrix m)
{
  cout << "\n";
  for (int i=0; i < rows_and_cols; i++)
    for (int j=0; j < rows_and_cols; j++)
       cout << m.get_mat(i,j) << " \t" << "\n";
  cout << "\n";
}
```

```
matrix add(matrix inp1, matrix inp2)
{
  matrix outp;
  for (int i=0; i < rows_and_cols; i++)
    for (int j=0; j < rows_and_cols; j++)
        outp.put_mat(i,j,(inp1.get_mat(i,j) + inp2.get_mat(i,j)));
  return outp;
}

matrix mul(matrix inp1, matrix inp2)
{
  matrix outp;
  int i,j;

  // Initialisierung von outp
  for (i=0; i < rows_and_cols; i++)
    for (j=0; j < rows_and_cols; j++)  outp.put_mat(i,j,0);

  // Berechnung des Produktes
  for (i=0; i < rows_and_cols; i++)
    for (j=0; j < rows_and_cols; j++)
      for (int k=0; k < rows_and_cols; k++)
          outp.put_mat(i,j, (outp.get_mat(i,j) + inp1.get_mat(i,k) *
                      inp2.get_mat(k,j)));
  return outp;
}

double det(matrix inp)

/*call by value !!
    Der folgende Algorithmus wird verwendet, um die Determinante einer
    quadratischen Matrix zu berechnen. Die Eingabematrix wird durch eine
    Kombination von elementaren Matrixoperationen (Addition zweier
    Zeilen und Multiplikation einer Zeile mit einem Skalar) auf
    Dreiecksform gebracht. Die Determinante ist dann das Produkt der
    Hauptdiagonal-Elemente der so transformierten Matrix.   */
{
  int row = 0, col = 0, i, j, k, l;
  double out, pivot, mem;

  while (row < (rows_and_cols-1))
  {
    if (col >= rows_and_cols) break;
    i = row;
    while ((i < rows_and_cols) && (inp.get_mat(i,col) == 0)) i++;
```

```
    if (i >= rows_and_cols) break;

    // Vertausche Zeilen, falls noetig
    if (i != row)
    {
      for (k=0; k < rows_and_cols; k++)
      {
        mem = inp.get_mat(row,k);
        inp.put_mat(row,k,inp.get_mat(i,k));
        inp.put_mat(i,k,mem);
      }
    }

    // Matrixtransformation, so dass jedes Element unterhalb der
    // Zeile 'row' mit Spaltenindex < 'col' Null ist
    pivot = inp.get_mat(row,col);
    for (l=(row+1); l < rows_and_cols; l++)
    {
      double factor = inp.get_mat(l,col) / pivot * -1;
      for (k=col; k < rows_and_cols; k++)
      {
        // Multiplikation der Zeile 'l' mit dem Skalar 'pivot' und
        // Addition der Zeile 'row' mit der Zeile 'l'
        inp.put_mat(l,k,(factor * inp.get_mat(row,k) + inp.get_mat(l,k)));
      }
    }
    row++;
    col++;
  }
  out = 1;
  for (k=0; k < rows_and_cols; k++) out = out * inp.get_mat(k,k);
  return out;

  /*   Man beachte, dass der Parameter inp durch call by value uebergeben
       wurde  und somit die Transformationen der Matrix inp in der
       Funktion det nicht den Wert des aktuellen Parameters aendern!   */


}
```

```cpp
main()
{
  matrix inp1,inp2;

  // Initialisierung der Matrizen
  for (int i=0; i < rows_and_cols; i++)
      for (int j=0; j < rows_and_cols; j++)
      {
        inp1.put_mat(i,j,i*j*j+1);
        inp2.put_mat(i,j,i+j+1);
      }

  cout << "\nEingabematrizen: \n";
  print_matrix(inp1);
  print_matrix(inp2);
  cout << "\nSumme der Matrizen: \n";
  print_matrix(add(inp1,inp2));

  cout << "\n\n\n";
  cout << "\nMatrix: \n";
  print_matrix(inp1);
  cout << "\n multipliziert mit \n";
  print_matrix(inp2);
  cout << "\n ergibt \n";
  print_matrix(mul(inp1,inp2));

  cout << "\n\n\n";
  cout << "\nDeterminante der Eingabematrix: \n";
  print_matrix(inp1);
  cout << "\n ergibt ";
  cout << det(inp1) << "\n";;
}
```

<u>Lösung für Aufgabe 25</u>

```cpp
#include <stream.h>
```

```
/*   Dieses Programm druckt die Anzahl von Zahlen in einem Intervall von
     Integern als Histogramm. Genauer: Die Anzahl der Zahlen, die durch 1,
     2, 3, 4, 5 ganzzahlig teilbar sind, werden zeilenweise ausgegeben. Das
     Intervall, welches mittels linker und rechter Grenze angebenen wird,
     wird als Argument fuer den Konstruktor der Klasse histogramm
```

benutzt. Es wird ueberprueft, ob das Intervall mehr als 50 Zahlen
beeinhaltet. Falls dies der Fall ist, so wird das Intervall automatisch
auf 50 Zahlen begrenzt, beginnend mit der linken Grenze.   */

```cpp
class histogramm
{
  int left, right;
  public :
  histogramm(int l, int r)
  {
    left = l;
    ((r - l < 50) ? (right = r) : (right = (left + 49)));
  }
  void print_hist();
};

void histogramm :: print_hist()
{
  int z;

  cout << "\nIntervallgrenzen sind : [" << left << "," << right << "]";
  z = right - left + 1;
  cout << "\n\nAnz. der durch 1 teilbaren Zahlen : ";
  for (int i = 0; i < z; i++) cout << "X";

  z =  (right/2) - ((left-1)/2);
  cout << "\n\nAnz. der durch 2 teilbaren Zahlen : ";
  for (int j = 0; j < z; j++) cout << "X";

  z = (right/3) - ((left-1)/3);
  cout << "\n\nAnz. der durch 3 teilbaren Zahlen : ";
  for (int k = 0; k < z; k++) cout << "X";

  z = (right/4) - ((left-1)/4);
  cout << "\n\nAnz. der durch 4 teilbaren Zahlen : ";
  for (int l = 0; l < z; l++) cout << "X";

  z = (right/5) - ((left-1)/5);
  cout << "\n\nAnz. der durch 5 teilbaren Zahlen : ";
  for (int m = 0; m < z; m++) cout << "X";
  cout << "\n\n";
}
```

```
main()
{
  int lower   = 1;
  int upper   = 1;

  cout << "\n\n         HISTOGRAMM-PROGRAMM\n\n";
  cout << "Durch Eingabe von 0 fuer die untere Grenze\n";
  cout << "koennen Sie das Programm beenden!\n\n";

  while (lower)
  {
   cout   << "Bitte geben Sie die untere Grenze an --> ";
   cin    >> lower;
   if (lower <= 0) break;
   cout   << "\n";
   cout   << "Bitte geben Sie die obere Grenze an --> ";
   cin    >> upper;
   if (upper <= 0) break;
   if (upper < lower)
   {
     cout << "\nFehler : Obere Grenze kleiner als untere Grenze!!\n\n";
     break;
   }

   histogramm his(lower, upper);
   his.print_hist();
   cout << "\n\n\n";
  }
}
```

Lösung für Aufgabe 26

```
#include <stream.h>
```

```
/*  Dieses Programm definiert eine Klassenhierarchie der folgenden Art :
    Angestellter, Manager, Direktor und Praesident.

    Ein Manager verwaltet einige Angestellte , ein Direktor einige
    Manager und ein Praesident einige Direktoren. Diese Personen werden
    in Inkarnationen der Klasse names gespeichert und jeder Manager,
    Direktor und Praesident hat einen Zeiger auf die von ihnen
    verwalteten Personen.
```

Vier Elemente der Klasse *employee*, zwei der Klasse *manager*,
zwei der Klasse *director* und ein Element der Klasse *president*
werden erzeugt und in eine Liste von Angestellten eingetragen.

Die Funktion *print* wird als Friend-Funktion der Klasse *employee*
definiert und druckt die verschiedenen Informationsinhalte der
jeweiligen Klassen einschliesslich der verwalteten Personen aus.

Die Hierarchie (betreffend der verwalteten Personen) ist:

```
          pre
         /  \
       dir1    dir2
       /           \
     man1         man2
     /               \
   emp1  emp2     emp3  emp4
```

Die Liste der Angestellten sieht wie folgt aus :

emp1, emp2, emp3, emp4, man1, man2, dir1, dir2, pre

Zum Drucken der Informationen werden Typfelder benutzt.
Eine andere Loesungsmoeglichkeit waeren virtuelle Funktionen.   */

```cpp
int p_print = 0, d_print = 0, m_print = 0, e_print = 0;
enum empl_type { E, M, D, P};

class names
{
 public :
 char*  na;
 names* succ;
 names( char* nam) { na = nam; }
};

class employee
{
 empl_type e_type;
 char* name;
 short age;
 int salary;
 friend void print(employee*);
```

```cpp
  public :

  employee* next;

  employee(empl_type t, char* n, short a, int s)
  {
    e_type     = t;
    name       = n;
    age        = a;
    salary     = s;
  }
};

class manager : public employee
{
  public :
  names*     group;
};

class director : public manager
{
  public :
  short       directed_department;
  names*      man_managed;
};

class president : public director
{
  public :
  names*      direct;
  long        swiss_bank_account_no;
};

void print(employee* run)
{
  switch (run -> e_type)
  {
  case P :
    if (p_print == 0)
    {
      cout << "\nPraesident ist : \n\n";
      p_print = 1;
    }
    cout << run -> name << "  " << run -> age << "  " << run -> salary << "  ";
    president* p = (president*) run;
```

```cpp
   cout    << "Schweizer Bankkontonr. : " << p -> swiss_bank_account_no
           << "\n" << "Verwaltete Direktoren  : ";

   while (p -> direct)
   {
     cout << p -> direct -> na  << ", ";
     (p -> direct) = ((p -> direct) -> succ);
   }
   cout << "\n";
   break;

case D :
  if (d_print == 0)
  {
    cout << "\nDirektoren sind : \n\n";
    d_print = 1;
  }
  cout    << run -> name << "   " << run -> age << "   " << run -> salary << "   ";
  director* d = (director*) run;
  cout    << "Abteilung  : " << d -> directed_department << "\n"
          << "Verwaltete Manager : ";
  while (d -> man_managed)
  {
    cout << d -> man_managed -> na << ", ";
    (d -> man_managed) = ((d -> man_managed) -> succ);
  }
  cout << "\n\n";
  break;

 case M :
  if (m_print == 0)
  {
    cout << "\n\nManager sind : \n\n";
    m_print = 1;
  }
  cout << run -> name << "   " << run -> age << "   " << run -> salary << "\n";
   manager* m = (manager*) run;
  cout << "Verwaltete Angestellte : ";
  while (m -> group)
  {
    cout << m -> group -> na << ", ";
    (m -> group) = ((m -> group) -> succ);
  }
  cout << "\n\n";
  break;
```

```cpp
    case E :
     if (e_print == 0)
     {
       cout << "\n\nAngestellte sind : \n\n";
       e_print = 1;
     }
     cout << run -> name << "   " << run -> age << "   " << run -> salary << "\n";
     break;
  }
}

main()
{
  employee* test;

  employee  emp1(E, "Peter", 26, 40000), emp2(E, "Uschi", 45, 38000),
            emp3(E, "Willi", 18, 22000), emp4(E, "Carla", 39, 78000);

  names     e1("Peter"), e2("Uschi"), e3("Willi"), e4("Carla"),
            m1("Klaus"), m2("Bruno"), d1("Tommi"), d2("Berta"), p1("Hansi");

  manager man1(M, "Klaus", 42, 110000);
  manager man2(M, "Bruno", 47, 132000);
  man1.group                            = &e1;
  man1.group -> succ                    = &e2;
  man2.group                            = &e3;
  man2.group -> succ                    = &e4;

  director dir1(D, "Tommi", 55, 210000);
  dir1.directed_department              = 1;
  dir1.man_managed                      = &m1;
  director dir2(D, "Berta", 54, 230000);
  dir2.directed_department              = 2;
  dir2.man_managed                      = &m2;

  president pre(P, "Hansi", 58, 360000);
  pre.swiss_bank_account_no             = 789432145;
  pre.direct                            = &d1;
  pre.direct -> succ                    = &d2;

  emp1.next    = &emp2;   emp2.next = &emp3;    emp3.next = &emp4;
  emp4.next    = &man1;   man1.next = &man2;    man2.next = &dir1;
  dir1.next    = &dir2;   dir2.next = &pre;
```

```cpp
  cout << "Die Hierarchie ist : ";
  test = &emp1;
  for (; test; test = test -> next) print(test);
}
```

15 REGISTER

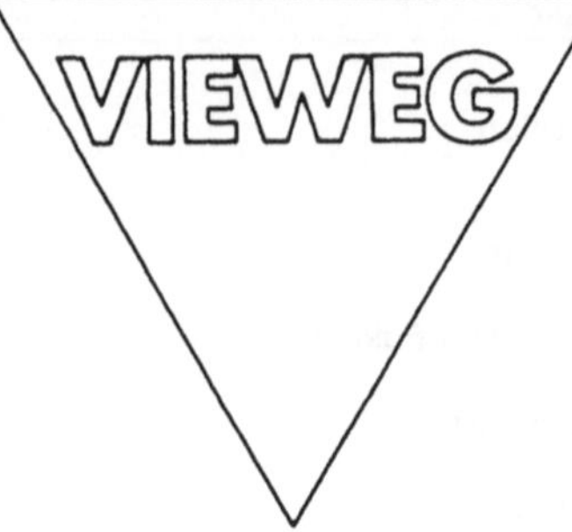

Ex-C-ellent

Das Microsoft®-Handbuch
für den fortgeschrittenen C-Programmierer
von Augie Hansen

Aus dem Amerikanischen übersetzt von Andreas Dripke, Michael Krause und Angelika Schätzel. 1988. VI, 467 Seiten. 18,5 x 23,5 cm. Gebunden.

Dieses Buch wendet sich an den fortgeschrittenen C-Programmierer, der hilfreiche Tools und Utility-Programme einsetzen möchte. Die vorgestellten Programme sind so aufgebaut, daß die einzelnen Module vielfältig genutzt werden können.

Das Buch gliedert sich in 5 Teile:

Teil 1   gibt Auskünfte über den C-Compiler und den Ansi-Standard; ferner zu DOS- und BIOS-Interrupts.

Teil 2   stellt Standardbibliotheken sowie die automatische Programmkonfigurierung vor.

Teil 3   zeigt dateiorientierte Programme, die z. B. der Anzeige von ASCII- und Nicht-ASCII-Dateien dienen.

Teil 4   zeigt bildschirmorientierte Programme. Dabei geht es um Bildschirmpuffer und Benutzung des Einheitentreibers ANSI.SYS.

Teil 5   enthält die notwendigen Informationen über die verschiedenen C-Compiler sowie weitere Anhänge zur schnellen Orientierung.

Die Software zum Buch:

Zwei 5 1/4"-Disketten für den IBM PC und Kompatible für Microsoft C, Versionen 4.0, 5.0 oder Quick-C unter MS-DOS.